من محاسن الدين الإسلامي

المؤلف
عبدالعزيز بن محمد السلمان

الترجمة
ذاكر حسين وراثة الله

المراجعة
أبو أسعد قطب محمد الأثري

Hindi
الهندية
हिंदी

ⓒ المكتب التعاوني للدعوة والإرشاد و توعية الجاليات بالربوة، ١٤٤٠هـ

فهرسة مكتبة الملك فهد الوطنية أثناء النشر

وراثة الله، ذاكر حسين

من محاسن الدين الإسلامي. اللغة الهندية . / ذاكر حسين وراثة الله. - الرياض، ١٤٤٠هـ

١٠٨ ص، ١٤ سم x ٢١ سم

ردمك : ٩٧٨-٦٠٣-٨٢٤٩-٣٠-٧

١- الإسلام - مبادئ عامة ٢- الفضائل الإسلامية أ. العنوان

ديوي ٢١١ **١٤٤٠/١١٤٦٦**

رقم الايداع: ١٤٤٠/١١٤٦٦

ردمك : ٩٧٨-٦٠٣-٨٢٤٩-٣٠-٧

OsoulCenter
www.osoulcenter.com

This book has been conceived, prepared and designed by the Osool International Centre. All photos used in the book belong to the Osool Centre. The Centre hereby permits all Sunni Muslims to reprint and publish the book in any method and format on condition that 1) acknowledgement of the Osool Centre is clearly stated on all editions; and 2) no alteration or amendment of the text is introduced without reference to the Osool Centre. In the case of reprinting this book, the Centre strongly recommends maintaining high quality.

+966 11 445 4900

+966 11 497 0126

P.O.BOX 29465 Riyadh 11457

osoul@rabwah.sa

www.osoulcenter.com

بسم الله الرحمن الرحيم

शुरू करता हूँ अल्लाह के नाम से जो बड़ा मेहरबान (कृपालु)
निहायत रहम करने वाला (दयालु) है

इस्लाम धर्म की ख़ूबियाँ

7

विषय सूची

प्रस्तावना 9

लेखक का भूमिका 15

इस्लाम की चंद अहम ख़ूबियाँ 17

अल्लाह के वुजूद (अस्तित्व) और तौहीद की दलीलें 18

अध्याय 25

शराएअ् (मज़हबी क़वानीन) की ख़ूबियाँ 26

नमाज़ की ख़ूबियाँ 26

नमाज़ के दीनी व दुनियावी फ़वायेद (लाभ) 27

ज़कात के लाभ और उसकी ख़ूबियाँ 28

रोज़े के लाभ और उसकी ख़ूबियाँ 29

हज्ज के लाभ और उसकी ख़ूबियाँ 30

अल्लाह के रास्ते में जिहाद (धर्मयुद्ध) करने के लाभ और उसकी ख़ूबियाँ 32

ख़रीद व फ़रोख़्त (क्रय-विक्रय) की ख़ूबियाँ 35

किरायादारी के लाभ 36

वकालत (प्रतिनिधित्व) और कफ़ालत (ज़िम्मेदारी- ज़मानत) की ख़ूबियाँ 37

शुफ़्आ (पहले ख़रीदने का अधिकार च्तम.मउचजपवद) की ख़ूबीयाँ 38

अमानत की अदायेगी की ख़ूबी 39

बीवी के साथ अच्छी तरह गुज़र बसर करने का हुक्म 39

तरिका (पैतृक संपत्ति) की ख़ूबियाँ 41

हिबा (दान-बख़्शिश) की ख़ूबियाँ 42

हद्या व तोहफ़ा (उपहार) के फ़ायदे 43

शादी की ख़ूबियाँ 44

तलाक़ की अहमियत तथा विशेषता 44

क़िसास (प्रतिहिंसा) की अहमियत व फ़ायदे 46

शराब की हुर्मत (मनाही) और उसकी हिक्मत 47

इस्लाम की ख़ूबियाँ एक नज़र में सलाह-मशवरा का हुक्म 49

तक़्वा-परहेज़गारी (संयम) अपनाने की तरग़ीब (उत्साह प्रदान) 49

बाहमी (पारस्परिक) मुहब्बत करने की तरग़ीब 50

चुग़लख़ोरी तथा ज़ुल्म की मज़म्मत (निंदा) 50

नाता तोड़ने की मज़म्मत (संबंध विच्छेद की निंदा) 52

मज़ाक़ उड़ाने की मुमानअत (मनाही) 52

सलाम करने का हुक्म 52

खड़े पानी में पेशाब करने और मुमिन को तक्लीफ़ पहुँचाने की मुमानअत (मनाही) 53

दायें हाथ से खाने पीने का हुक्म 54

जनाज़ा के पीछे जाने और छींकने वाले का जवाब देने का हुक्म 54

दावत (निमंत्रण) कबूल करने की अहमियत 55

शक (संदेह) की जगहों से दूर रहने का हुक्म 56

ज़ालिम से बचने का हुक्म 58

सतर पोशी (ऐब छिपाने) का हुक्म 58

मुसलमानों को ख़ुश करने का हुक्म	59
कानाफूसी, फालतू बात तथा बद जुबानी से बचना	60
बीच रास्ते में बैठने की मुमानअत (मनाही)	61
अल्लाह के नाम पर पनाह (आश्रय) देने का हुक्म	61

नसीहत, इज़्ज़त की हिफ़ाज़त, मियानारवी (मध्यवर्तिता) व सब्र का हुक्म — 63

यतीम व मिस्कीन का ख़्याल	65
जानवरों पर रहम तथा दया करने का हुक्म	67
लोगों के मक़ाम व मर्तबा (दरजा व पद) का लिहाज़	68
औरतों के हुक़ूक़ (अधिकार)	70
जाहिलियत के रस्म व रिवाज की मुमानअत (मनाही)	70
दौरे जाहिलियत के अक़ीदे से इज्तिनाब (अज्ञता काल के धर्म-विश्वास से दूर रहना)	74

बेवफ़ाई और ग़द्दारी की हुर्मत (मनाही) — 77

रोज़ी कमाने का हुक्म	78
मोतदिल (परिमित) खाने पीने का हुक्म	79
तंग दस्त (निर्धन) को मुहलत (अवकाश) देने का हुक्म	80
रिश्वत की हुर्मत (घूस की मनाही) और नादिम (लज्जित) को माफ़ करने की तर्ग़ीब (उत्साह प्रदान)	81
दीन में खैर खाही (सदुपदेश) का हुक्म	82
सिला रेहमी (नाता बंधन जोड़ने) का हुक्म	83
रहबानियत की मुमानअत (सन्यास तथा संसार त्याग की मनाही)	84
भलाई के काम और आख़िरत की याद की तर्ग़ीब	85
अल्लाह पर पूरा भरोसा की तर्ग़ीब (उत्साह प्रदान)	86
समाज सुधार की तर्ग़ीब (उत्साह प्रदान)	88
झूटी गवाही देने की मनाही	90
दौरे जाहिलियत के रोसूम की मुमानअत (अज्ञता काल के प्रथाओं की मनाही)	90
क़ुदरती तालाब पर क़ब्ज़ा की मुमानअत (मनाही)	91
हक़ीक़ी मुफ़लिस (निर्धन) कौन?	92
पाकीज़ा गुफ़्तगू (अच्छी बात करने) का हुक्म	93
शर्म व हया (लज्जा करने) का हुक्म	93
जानदार को निशाना बनाने की हुर्मत (मनाही)	94
इंसान की इज़्ज़त व सम्मान	94
नुजूमी (ज्योतिषी) को सच मानने की मुमानअत (मनाही)	95
इस्तिक़ामत की तर्ग़ीब (उत्साह प्रदान)	96
बंदों पर अल्लाह के फ़ज़्ल व एहसान (कृपा व उपकार)	97
अच्छी नियत की तर्ग़ीब (उत्साह प्रदान)	97
ग़स्ब (अपहरण), चोरी और लूटे हुए माल के खरीदने की हुर्मत (मनाही)	99
सूद की हुर्मत (मनाही)	99
इस्लाम की नेमत को याद रखो	100
इस्लाम सूरज की तरह है	100

इस्लाम अतीत (माज़ी) के आईना में — 103

प्रस्तावना

الحمد لله رب العالمين، والصلاة والسلام على رسوله الكريم، أما بعد:

सब तारीफ़ अल्लाह तआला के लिए है जो तमाम जहानों का पालने वाला है। दुरुद व सलाम नाज़िल हो उसके करीम (उदार) रसूल पर। अम्माबाद (तत्पश्चात):

इस्लाम प्राकृतिक धर्म (फ़ितूरत का दीन) है। इस्लाम सारे इंसान व जिन्न का धर्म है। इस्लाम के नबी मुहम्मद ﷺ सारे संसार के लिए रहमत हैं। और इस्लाम धर्म बिना भेदभाव के सब की हिदायत और भलाई के लिए आया है। इस्लाम अल्लाह का आख़री दीन है जिस पर ईमान लाकर और जिसकी शिक्षा (तालीमात) पर अ़मल करके इंसान अल्लाह की रहमत का हक़्दार बन सकता है। और जब अल्लाह की रहमत मिल गई तो इंसान आख़िरत में सफल हो सकता है। इस्लाम और उसकी तालीमात के बारे में जितना भी लिखा जाये वह कम है, लेकिन यहाँ पर इस्लाम की चंद अहम ख़ूबियों का ज़िक्र मक़्सूद (कुछ विशेष गुणों का उल्लेख उद्देश्य) है।

इस्लाम की ख़ूबियों में से एक बहुत बड़ी ख़ूबी यह है कि वह अ़क़्ल व फ़िक्र (बुद्धि-चिंता) को संबोधन करता है, और मेयारी (उच्च) अ़क़्ल व सोच से पूरे तौर पर सहमत होता है, बल्कि दीन इंसानी अ़क़्ल को मज़ीद रोशनी (अधिक आभा) पहूँचाता और उसको चमकारा करता है, और उसकी सलाहियतों को मुनज़्ज़म (विशेषताओं को संगठित) करके इंसानियत की सेवा पर आमादा करता है। वह्य की रोशनी में अ़क़्ल बाबसीरत (दूरदर्शी) हो जाती है जिसके नतीजे में इंसान के आज़ा व जवारिह (अंग-प्रत्यंग) बल्कि उसका सारा वुजूद (अस्तित्व) दुनिया की हर चीज़ से संपर्क ख़त्म करके सिर्फ़ अल्लाह तआला के सामने सज्दा करने

लगता है। अ़क्ल की दुनिया में यह इंक़िलाब वास्तव में वह्य के फ़ैज़ान (की बरकत) का नतीजा है। इस लिए अब उसकी सोच का दायरा (परिधि) महदूद (सीमित) दुनिया से बहुत आगे आख़िरत में जहन्नम के अ़ज़ाब से आज़ादी और जन्नत की प्राप्ति होती है।

इस्लाम की बड़ी ख़ूबियों में से एक बड़ी ख़ूबी यह है कि वह इंसानी ज़िंदगी के पाँच अहम अ़नासिर का मुहाफ़िज़ (विशेष उपादान का रक्षक) तथा निगराँ है:

१ नफ़्स का मुहाफ़िज़,

२ अ़क्ल का मुहाफ़िज़,

३ दीन का मुहाफ़िज़,

४ माल का मुहाफ़िज़,

५ इ़ज़्ज़त व आबरु का मुहाफ़िज़।

अगर ग़ौर से देखा जाये तो इन्ही पाँच चीज़ों की रक्षा तथा हिफ़ाज़त का नाम तहज़ीब व तमद्दुन (शिष्टता व सभ्यता) है। और जिन जाति व संप्रदाय और उनकी हुकूमतों, और उनके दानिशवरों (बुद्धिमानों) ने इन पाँच मैदानों में सफलता प्राप्त की, इतिहास में उनका नाम सुनहरे अक्षरों से लिखा जायेगा।

इस्लाम की एक बड़ी ख़ूबी यह है कि वह अपने मानने वालों को और अपने मुंकिरीन (निवर्तकों) सबको इंसान होने के नाते असंख्य अधिकार व सहूलतें प्रदान करता है, बल्कि जानवरों के अधिकार का भी पासदार (ख़्याल रखने वाला) है, वह चरिंद व परिंद (पशु-पक्षी) और मौसम का पासबान तथा रक्षक है।

इस्लाम की एक बड़ी ख़ूबी यह है कि उसने समाज के हर तबक़े (वर्ग) के लिए वाज़िह् तालीमात (स्पष्ट शिक्षाएं) दीं। मर्द के लिए अलग, औ़रतों के लिए अलग, बच्चों के लिए अलग और बूढ़ों के लिए अलग। आक़ा और ग़ुलाम के तअ़ल्लुक़ात (स्वामी और दास के संबंध) कैसे होने चाहिए, पति पत्नी शादी ब्याह के रिश्ता में कैसे मुन्सलिक (संबद्ध) हों और कैसे ज़िंदगी गुज़ारें, और अगर ज़िदगी अजीरन (दूभर) हो जाए तो अपनी अपनी राह लेने का अच्छा

सा तरीक़ा कौनसा है? सुलह (संधि) के दिन हों या जंग (युद्ध) के, ग़ैर मुस्लिमों से मुसलमानों के तअ़ल्लुक़ात (संबंध) किस तरह होने चाहियें? सच यह है कि इस्लाम ने मर्दों, औरतों तथा बच्चों के लिए मुस्तक़िल आदाब (स्वतंत्र व्यवहार-नियम) बताए हैं।

इंसान की फ़ित्री ज़रूरत (प्राकृतिक आवश्यक्ता) और उसकी प्रकृति में से है कि मर्द और औरत अ़ह्दे बुलूग़त (यौवन काल) में दोनों एक दूसरे के क़रीब (समवयस्क) हों, प्यार व मुहब्बत की परिस्थिति (माहौल) में ज़िंदगी गुज़ारें और आपस में मिल जुल कर ज़िंदगी बसर करने में खुश तथा प्रसन्न हों। लेकिन इस फ़ितरी ज़रूरत की तक्मील (समापन करने) को खुल्लम-खुल्ला नहीं छोड़ दिया गया, क्योंकि इससे दुनिया में फ़साद पैदा होगा और अम्न व शांति की तलाश में प्रयत्नवान (सर गर्दां) समाज फ़ित्ना व फ़साद की फैक्टरी बन जायेगा। उसके लिए इस्लाम ने शादी-ब्याह का स्थायी एक निज़ाम बनाया, जिस पर अमल करते हुए मर्द तथा औरत एक रिश्ते में मुन्सलिक (संबद्ध) हो जाते हैं और इस तरह दो दिल आपस में मिल जाते हैं। अल्लाह तआ़ला ने इस निज़ाम की बर्कत से उन जोड़ों के दिलों में मुहब्बत कूट कूट कर भर दी, जिसके नतीजा में एक ख़ानदान वुजूद में आता है जो आपस में निहायत मानूस हो जाता है और भविष्य में यही मुत्मइन (प्रशांत) ख़ानदान समाज के अम्न व शांति का उन्वान (प्रतीक) बनता है।

अगर हर मर्द और औ़रत इस बात में आज़ाद होते कि जो जिसके साथ बिना किसी नियम-क़ानून तथा रोक-टोक के चाहे रहे, और ऐश व आराम (भोग-विलास) करे तो आज दुनिया में शायद कोई ज़िंदा ही नहीं रहता या शायद दुनिया खंडर का नमूना होती।

चूँकि इंसानी नस्ल की बक़ा (नित्यता) और समाज के अम्न व शांति का रास्ता मर्द व औ़रत की शांति प्रिय ज़िंदगी से होकर गुज़रता है, इस लिए गर्भधारण

(हम्ल) तथा जन्मग्रहण (विलादत) की मंज़िलों से गुज़र कर जब औ़रत माँ का मुक़द्दस (पवित्र) रूप धारण करती है और मर्द को बाप बनने का शरफ़ (गौरव) हासिल होता है और नवजात दोनों ही का नहीं बल्कि पूरे ख़ानदान का तारा तथा उनकी आँख का ठंडक होता है। इस मर्ह़ला में पति पत्नि का संबंध घनिष्ठ हो जाता है और उसकी तर्बियत (पालन-पोषण) के नुक़्ते पर वह एक दूसरे से ज़्यादा क़रीब हो जाते हैं। बच्चा की विलादत के बाद इत्तिहाद व इत्तिफ़ाक़ (एकता) और प्रीति व शांति का एक क़िब्ला मयस्सर (दिशा सुलभ) हो जाता है, जिस एकता के नुक़्ते पर दोनों की निगाहें बैठ जाती हैं और दोनों उसकी पर्वरिश तथा देख-भाल पर बहुत संजीदा (गंभीर) हो जाते हैं। पता चला कि इस शादी-ब्याह के रिश्ते से केवल एक जोड़े का मिलाप ही नहीं होता बल्कि एक ख़ानदान वुजूद में आ जाता है, और मर्द व औ़रत के ख़ानदानों के बीच यह नौ मौलूद (नवजात) अधिक मज़्बूत राबिता का उ़न्वान (दृढ़ संबंध का विषय) बन जाता है। इस्लाम ने तो भाँजे को भी मामा के ख़ानदान का एक फ़र्द (सदस्य) क़रार दिया है। जैसाकि हदीस में आया हैः "ابْنُ أُخْتِ الْقَوْمِ مِنْهُ" अर्थात ((बहन का लड़का क़ौम में से है।)) इस तरह से समाज में अम्न व शांति का रिवाज होता है, लोगों को ख़ुशियाँ नसीब होती हैं और इंसानी नस्ल का तसलसुल (निरंतरता) बरक़रार रहता है। इस फ़ित्री तसल्ली बख़्श जज़्बा (प्राकृतिक सांत्विक एहसास) के शर्ई निज़ाम (मज़्हबी क़ानून) से जिसकी असास (नीव) पर इंसानी समाज की इमारत क़ायम तथा स्थापित है, अगर मर्द व औ़रत के मिलाप की कोई और ग़ैर शर्ई (अनैतिक) सूरत होती तो उसका अंजाम (परिणाम) समाज में बेचैनी, क़त्ल व ख़ूंरेज़ी (रक्तपात) और बेसहारा तथा नाजायज़ औलाद की शक्ल (रूप) में सामने आता, जिससे समाज में बिगाड़ के अ़लावा कुछ न हासिल होता। दुनिया के समाजी क़ानून में जो बिगाड़ पाया जाता है उसका हल (समाधान) सिर्फ़ इस्लामी निकाह तथा इस्लाम के समाज व्यवस्था में है।

इस्लाम धर्म की ख़ूबियाँ

कुरआन व हदीस का ज्ञान रखने वालों पर इस्लाम की विशेषतायें तथा ख़ूबियाँ पोशीदा नहीं है, लेकिन एक आ़म आदमी को ज़रूरत होती है कि वह इस्लाम की ख़ूबियों को इख़्तिसार के साथ (संक्षिप्त रूप से) जान ले। उ़लमा (विद्वानों) ने किताब व सुन्नत की रोशनी में इस्लाम की ख़ूबियाँ और इस्लामी तालीमात की ख़ूबियों को उजागर (प्रकट) किया है।

कुछ ज़ेरे नज़र (वक्ष्यमाण) पुस्तक "इस्लाम धर्म की ख़ूबियाँ" के बारे में: सऊ़दी अ़रब के मश्हूर आ़लिम (विद्वान) शैख़ अ़ब्दुल अज़ीज़ मुहम्मद अस्सल्मान रहेमहुल्लाह ने बहुत सारी किताबें लिखी हैं जिनमें इस्लामी तालीमात को साधारण अंदाज़ में पाठक के सामने पेश किया गया है। आपकी किताबें बड़ी तादाद (विपुल संख्या) में मुफ़्त तक़्सीम होती रही हैं और उनसे लोग फ़ायदा भी उठाते रहे हैं। आपकी बेहतरीन तस्नीफ़ात (रचित ग्रंथों) में से ज़ेरे नज़र (वक्ष्यमाण) ग्रंथ "इस्लाम धर्म की ख़ूबियाँ" भी है जिसका इख़्तिसार (संक्षेप) उर्दू में बहुत ज़माना पहले प्रकाशित हो चुका है। इस किताब के उर्दू तथा हिन्दी प्रचार के लिए नये सिरे से निस्बतन (तुलना मूलक) ज़्यादा जामेअ़ (व्यापक) उर्दू तथा हिन्दी नुस्ख़ा (प्रति) तैयार किया गया है, जिसमें कुरआनी आयतों के साथ साथ उनके तर्जुमे शाह फ़हद कम्प्लेक्स के अनुवादित (मुतर्जम) मुस्हफ़ से माख़ूज़ (संगृहीत) हैं। और हदीसों को तख़्रीज के साथ पेश किया गया है तथा साथ में उनका तर्जुमा भी दे दिया गया है। ज़बान व बयान में आसान उस्लूब (शैली) को अख़्तियार किया गया है, ताकि इस किताब से ज़्यादा से ज़्यादा लोग फ़ायदा उठायें। इस किताब की तैयारी में जिन लोगों ने हाथ बटाया है वह सब शुकरिया के हक़्दार हैं। उन में क़ाबिले ज़िक्र (उल्लेख योग्य) शैख़ अबू अस्अ़द कुतुब मुहम्मद अल्असरी हैं जिन्होंने किताब का उर्दू में तर्जुमा किया, तथा हिलालुद्दीन रियाज़ी ने इसे कम्पोज़ करके इस क़ाबिल बनाया कि यह पाठक के हाथों में जा सके, और शैख़ अबू यासिर ज़ाकिर हुसैन ने किताब का हिन्दी में तर्जुमा तथा कम्पोज़ किया। हमारी दुआ़ है कि अल्लाह तआ़ला किताब के लेखक, उनकी

आल्-औलाद और इसके प्रचार में हिस्सा लेने वाले सभी शुरका (साझीदारों) की नेकियों को क़बूल करे, और हमें अधिक इस बात की तौफ़ीक़ (प्रेरणा) दे कि हम ज़्यादा से ज़्यादा किताब व सुन्नत की तालीमात को आ़म करें। व सल्लल्लाहु अ़ला सैइदिना मुहम्मद व अ़ला आलिहि व सह्बिहि व सल्लम। अर्थात हमारे सर्दार मुहम्मद, उनके परिवार-परिजन (आल औलाद) और उनके साथियों (सहाबा) पर दुरूद व सलाम नाज़िल हो।

डाक्टर अ़ब्दुर्रहमान अ़ब्दुल जब्बार अल्फ़रेवाई

अध्यापक हदीस, अल्इमाम मुहम्मद बिन सुऊ़द इस्लामिक यूनीवर्सिटी, रियाज़

लेखक का भूमिका

الحمد لله الذي تفرد بالجلال والعظمة والعز والكبرياء والجمال، وأشكره شكر عبد معترف بالتقصير عن شكر بعض ما أوليه من الإنعام والإفضال، وأشهد أن لا إله إلا الله وحده لا شريك له، وأشهد أن محمدا عبده ورسوله، صلى الله عليه وعلى آله وصحبه وسلم تسليما كثيرا.

सब ता'रीफ़ (प्रशंसा) उस अल्लाह के लिए जो जलाल व अज़्मत (महता व श्रेष्ठता), इज़्ज़त व बड़ाई और जमाल (सौंदर्य) में यकता (अद्वितीय) तथा बेमिसाल (अनुपम) है। और मैं उसका शुक्र अदा करता हूँ उस शर्मसार (लज्जित) बंदा की तरह जो उसके फ़ज़्ल व करम तथा एह्सान का पूरे तौर पर शुक्र अदा न करने का स्वीकर्ता (इक़रार करने वाला) है। और मैं गवाही देता हूँ कि मुहम्मद ﷺ अल्लाह के बंदे और उसके रसूल हैं। अल्लाह उन पर और उनके परिवार-परिजन (आल औलाद) तथा उनके साथियों (सहाबा) पर बहुत बहुत दुरूद व सलाम नाज़िल फ़रमाये।

मैं ने इस्लाम धर्म की ख़ूबियों का एक मज्मूआ (समष्टि) तैयार किया था और उसे अपनी किताब "मवारिदुज़् ज़म्आन लिदुरूसिज़्ज़मान" में शामिल किया था। चंद ख़ैर अन्देशों (शुभ चिंतकों) ने यह राय दी कि इस्लाम की ख़ूबियों के इस मज्मूआ को किताब से अलग छाप कर मुसलमानों और ग़ैर मुस्लिमों में तक़्सीम किया जाये। उम्मीद है कि अल्लाह तआला उनको इसके द्वारा लाभ पहूँचाये और जिन्हें हिदायत व तौफ़ीक़ देना मंजूर हो, उनके लिए इस किताब को हिदायत का ज़रीया बना दे। अल्लाह से दुआ है कि हमारे इस अ़मल को अपनी ज़ाते करीम (उदार हस्ती) के लिए ख़ास कर ले, और जिन्होंने भी इस किताब को छपवाया

तथा उसकी नश्र व इशाअ़त (प्रचार प्रसार) में हाथ बटाया, और जिन्होंने इसे पढ़ा तथा सुना, सबको अल्लाह इसका बेहतरीन बदला प्रदान करे, बेशक वह सुनने वाला, समीप तथा क़बूल करने वाला है। ऐ अल्लाह! तू मुहम्मद पर और उनके परिवार-परिजन (आल औलाद) पर दुरूद व सलाम नाज़िल फ़रमा।

इस्लाम की चंद अहम ख़ूबियाँ

अल्लाह के बंदो! अल्लाह तआ़ला (जो कहने वालों में सबसे सच्चा है) फ़रमाता है:

﴿ٱلْيَوْمَ أَكْمَلْتُ لَكُمْ دِينَكُمْ وَأَتْمَمْتُ عَلَيْكُمْ نِعْمَتِي وَرَضِيتُ لَكُمُ ٱلْإِسْلَٰمَ دِينًا﴾ [المائدة: ٣]

''आज मैं ने तुम्हारे लिए दीन को मुकम्मल (परिपूर्ण) कर दिया, तुम पर अपना इनआ़म (उपहार) भरपूर कर दिया, और तुम्हारे लिए इस्लाम के दीन होने पर रिज़ामंद (प्रसन्न) हो गया।'' (अल्‌माइदाः ३)

अल्लाह तआ़ला ने सभी धर्मों पर इस्लाम धर्म को ग़ालिब (विजय) करके उसे मुकम्मल फ़रमाया, और अपने बंदा तथा रसूल (संदेष्टा) मुहम्मद ﷺ की मदद फ़रमाई, और मुशरिकों (अनेकेश्वरवादियों) को बुरी तरह ज़लील व रुस्वा किया, जो मुसलमानों को उनके दीन से रोकने के लिए बड़े हरीस तथा बज़िद (लोलुप तथा आग्रही) थे। उन्हें इसकी बहुत लालच थी, लेकिन जब उन्होंने इस्लाम का ग़लबा और उसकी इ़ज़्ज़त व कामयाबी देखी तो मुसलमानों को अपने दीन में दोबारा वापस लाने से हर तरह मायूस (निराश) हो गए और उनसे घबराने लगे, और अल्लाह तआ़ला ने अपनी इस नेमत (उपहार) को हिदायत, तौफ़ीक़ और ग़लबा व ताईद (जय व समर्थन) के ज़रीया अपने बंदों पर पूरी कर दी, और दीन की हैसियत से इस्लाम को हमारे लिए पसंद फ़रमाया, और इस्लाम को ही सभी धर्मों में हमारे लिए मुन्तख़ब (चयन) फ़रमाया। अल्लाह के नज़दीक इस्लाम के सिवा कोई दूसरा दीन क़ाबिले क़बूल (ग्रहण योग्य) नहीं। जैसाकि अल्लाह तआ़ला ने फ़रमायाः

﴿وَمَن يَبْتَغِ غَيْرَ ٱلْإِسْلَٰمِ دِينًا فَلَن يُقْبَلَ مِنْهُ وَهُوَ فِى ٱلْءَاخِرَةِ مِنَ ٱلْخَٰسِرِينَ﴾

[ال عمران: ٨٥]

"और जो व्यक्ति इस्लाम के अलावा और दीन तलाश करे उसका दीन क़बूल न किया जायेगा, और वह आख़िरत (परलोक) में घाटा उठाने वालों में होगा।" (आल इम्रानः ८५)

अल्लाह के वुजूद (अस्तित्व) और तौहीद की दलीलें

ऐ लोगो! जिनके चिंता-भावना तथा विचार साफ़ सुथरे थे, उन्होंने इस्लाम के तालीमात (शिक्षाओं) पर नज़र दौड़ाई तो उसे गले से लगा लिया। और जब उसकी महान हिक्मतों (रहस्यों) पर चिंता-भावना किया तो उसे महबूब (प्रिय) बना लिया। और जब उन दिलों पर इस्लाम के इब्तिदाई हकीमाना मसायेल (प्राथमिक वैज्ञानिक तत्व) का सिक्का जम गया, तो उन्होंने उसकी महानता व बड़ाई को स्वीकार कर लिया। और जब आदमी सही सूझ बूझ, उज्ज्वल विवेक (रौशन बसीरत) और सही चिंता-भावना करने वाला होता है तो उसका रिश्ता इस्लाम से बहुत मज़बूत (दृढ़) हो जाता है। क्योंकि इस्लाम में बड़ी ख़ूबियाँ और महान श्रेष्ठता मौजूद हैं। जब इस्लाम ने तौहीद के अ़क़ीदे (अद्वैतवाद के विश्वासों) को पेश किया तो अ़क़्ले सलीम को बड़ी राहत मयस्सर (शुद्ध विवके को चैन सुलभ) हुई, और सीधी तबीअ़त (प्रकृति) ने इसका इक़रार किया। और तौहीद इस एतिक़ाद (विश्वास) की दावत (निमंत्रण) देती है कि पूरी दुनिया का एक ही हक़ीक़ी माबूद (सत्य उपास्य) है जिसका कोई शरीक व साझी नहीं, वह अव्वल (प्रथम) है उसकी कोई शुरूआ़त नहीं, और वह आख़िर (अंत) है जिसकी कोई इंतिहा व हद नहीं।

﴿لَيْسَ كَمِثْلِهِۦ شَىْءٌ ۖ وَهُوَ ٱلسَّمِيعُ ٱلْبَصِيرُ﴾ [الشورى: ١١]

"उसके मिस्ल (सदृश) कोई चीज़ नहीं, और वह सुनने वाला देखने वाला है।" (अश्शूराः ११)

वही पूरी क़ुद्रत (क्षमता) वाला, मुत्लक़ इरादे (नितांत इच्छाओं) का मालिक तथा उसका ज्ञान पूरी काइनात को मुहीत (जगत को परिवेष्टित) है। सारी मख़्लूक़ (सृष्टि) का उसके सामने झुकना और उसकी फ़र्माबर्दारी (आज्ञाकारिता) करना

आवश्यक है, और उसी की मर्ज़ी के अनुसार अ़मल करना ज़रूरी है, और उसके तमाम हुक्मों को बजा लाना वाजिब है और उसकी मना की हुई चीज़ों से बचना आवश्यक है। उसने नफ़्स तथा संसार में दलायेल व बराहीन (युक्ति व तर्क) क़ायम किये हैं, और बुद्धिमानों को उन पर ग़ौर करने तथा उनसे दलील हासिल करने की तर्ग़ीब (उत्साह) दी है, ताकि उनके ज़रीया अल्लाह का परिचय और महानता (मारिफ़त और अ़ज़्मत) उपलब्ध करके हुक़ूक़ (प्राप्यों) को अदा कर सकें। अतः तुम कभी कभार सोचते होगे कि ख़ुद तुम्हारा वुजूद और किसी भी चीज़ का वुजूद किसी पैदा करने वाले के बग़ैर मुमकिन (संभव) नहीं है। जैसाकि अल्लाह तआ़ला ने फ़रमायाः

﴿أَمْ خُلِقُوا مِنْ غَيْرِ شَيْءٍ أَمْ هُمُ الْخَالِقُونَ﴾ [الطور: ٣٥]

"क्या यह बग़ैर किसी (पैदा करने वाले) के अपने आप पैदा हो गए हैं या यह स्वयं पैदा करने वाले हैं।" (अत्तूरः ३५)

रही यह बात कि इंसान अपना ख़ुद मूजिद (आविष्कर्ता) है तो इस बात का कुछ लोगों ने दावा किया है, लेकिन इंसान का यूँ ही बग़ैर किसी पैदा करने वाले के पैदा हो जाना यह ऐसी बात है जिसे फ़ित्रत की ज़बान शुरू ही से खंडन करती आई है, जिसके लिए कम या ज़्यादा किसी वाद विवाद की ज़रूरत नहीं। और जब यह दोनों ही बातिल साबित (अनृत प्रतिपन्न) हुए तो केवल यही एक हक़ीक़त बाक़ी रह जाती है जिसका एलान क़ुरआन कर रहा है, और वह यह कि मख़्लूक़ (सृष्टि) को केवल उस अल्लाह ने पैदा किया जो एक अकेला अद्वितीय तथा बेनियाज़ (निस्पृह) है।

﴿لَمْ يَلِدْ وَلَمْ يُولَدْ ۝٣ وَلَمْ يَكُن لَّهُۥ كُفُوًا أَحَدٌۢ﴾ [الإخلاص: ٣-٤]

"न उससे कोई पैदा हुआ और न उसे किसी ने पैदा किया, और न उसका कोई हमसर (समकक्ष) है।" (अलइख़्लासः ३-४)

और कभी आदमी जब आस्मान व ज़मीन की ओर निगाह उठा कर सोचता

है कि क्या उसे इंसानों ने पैदा किया है? क्योंकि आस्मान व ज़मीन ने अपने आपको तो ख़ुद से पैदा नहीं किया है जैसाकि इंसान ख़ुद से पैदा नहीं हुआ, और कभी आदमी जब विवेक-बुद्धि तथा दृष्टि के सामने फैले हुए आस्मान की ओर अपनी निगाह डालता है और उसमें चमकते सूरज, रौशन चाँद और झिलमिलाते सितारों (नक्षत्रों) को देखता है तो बेधड़क ज़बान से निकल जाता है:

﴿تَبَارَكَ الَّذِي جَعَلَ فِي السَّمَاءِ بُرُوجًا وَجَعَلَ فِيهَا سِرَاجًا وَقَمَرًا مُّنِيرًا﴾ [الفرقان: ٦١]

"बा बर्कत (अत्यंत शुभ) है वह ज़ात जिसने आस्मान में बुर्ज (बड़े बड़े ग्रह) बनाये और उसमें सूर्य तथा प्रकाशित चन्द्रमा बनाया।" (अल्फ़ुर्क़ानः ६१)

और ज़बान यह भी कहने लगती है:

﴿هُوَ الَّذِي جَعَلَ الشَّمْسَ ضِيَاءً وَالْقَمَرَ نُورًا وَقَدَّرَهُ مَنَازِلَ لِتَعْلَمُوا عَدَدَ السِّنِينَ وَالْحِسَابَ﴾ [يونس: ٥]

"वह (अल्लाह तआला) ऐसा है जिसने सूरज को चमकता हुआ बनाया और चाँद को नूरानी (प्रकाशमय) बनाया तथा उसके लिए मंज़िलें मुक़र्रर (गंतव्य स्थल निर्धारित) किये, ताकि तुम वर्षों की गिनती और हिसाब मालूम कर लिया करो।" (यूनुसः ६१)

फिर यूँ कहने लगेगी:

﴿فَالِقُ الْإِصْبَاحِ وَجَعَلَ اللَّيْلَ سَكَنًا وَالشَّمْسَ وَالْقَمَرَ حُسْبَانًا ذَٰلِكَ تَقْدِيرُ الْعَزِيزِ الْعَلِيمِ﴾

[الأنعام: ٩٦]

"वह (अल्लाह तआला) सुबह का निकालने वाला है, और उसने रात को आराम के लिए और सूरज एवं चाँद को हिसाब लगाने के लिए बनाया। यह ठहराई (निर्धारित) बात है ऐसी ज़ात की जो क़ादिर (परम प्रभावी) और बड़े इल्म वाला (ज्ञाता) है। (अल्अन्आमः ९६)

और यह भी कहती है:

﴿أَفَلَمْ يَنظُرُوا إِلَى السَّمَاءِ فَوْقَهُمْ كَيْفَ بَنَيْنَاهَا وَزَيَّنَّاهَا وَمَا لَهَا مِن فُرُوجٍ﴾ [سورت ق: ٦]

“क्या उन्होंने आस्मान को अपने ऊपर नहीं देखा कि हमने उसे किस तरह बनाया है और ज़ीनत (शोभा) दी है? उसमें कोई शिगाफ़ (दरार) नहीं।” (क़ाफ़ः ६)

और यह भी कहती है:

﴿أَوَلَمۡ يَنظُرُواْ فِي مَلَكُوتِ ٱلسَّمَٰوَٰتِ وَٱلۡأَرۡضِ وَمَا خَلَقَ ٱللَّهُ مِن شَيۡءٖ﴾ [الأعراف: ١٨٥]

“क्या उन लोगों ने ग़ौर नहीं किया आकाशों तथा धरती लोक में और दूसरी चीज़ों में जो अल्लाह ने पैदा की हैं।” (अलूआराफ़ः १८५)

और यह भी कहती है:

﴿ٱلَّذِي خَلَقَ سَبۡعَ سَمَٰوَٰتٖ طِبَاقٗاۖ مَّا تَرَىٰ فِي خَلۡقِ ٱلرَّحۡمَٰنِ مِن تَفَٰوُتٖۖ فَٱرۡجِعِ ٱلۡبَصَرَ هَلۡ تَرَىٰ مِن فُطُورٖ ٣ ثُمَّ ٱرۡجِعِ ٱلۡبَصَرَ كَرَّتَيۡنِ يَنقَلِبۡ إِلَيۡكَ ٱلۡبَصَرُ خَاسِئٗا وَهُوَ حَسِيرٞ﴾ [الملك: ٣-٤]

“जिसने सात आकाश ऊपर-नीचे पैदा किये (तो हे देखने वाले! तू) रहमान (अल्लाह) की पैदाइश में कोई असंगति न देखेगा, दोबारा (नज़रें डाल कर) देख लो कि क्या कोई चीर भी दिखाई दे रही है? फिर दोहरा कर दो-दो बार देख लो, तुम्हारी निगाह तुम्हारी ओर हीन होकर थकी हुई लौट आयेगी।” (अलूमुल्कः ३-४)

और यह भी कहती है:

﴿وَفِي ٱلۡأَرۡضِ قِطَعٞ مُّتَجَٰوِرَٰتٞ وَجَنَّٰتٞ مِّنۡ أَعۡنَٰبٖ وَزَرۡعٞ وَنَخِيلٞ صِنۡوَانٞ وَغَيۡرُ صِنۡوَانٖ يُسۡقَىٰ بِمَآءٖ وَٰحِدٖ وَنُفَضِّلُ بَعۡضَهَا عَلَىٰ بَعۡضٖ فِي ٱلۡأُكُلِۚ﴾ [الرعد: ٤]

“और धरती में विभिन्न प्रकार के टुकड़े एक-दूसरे से मिले जुले हैं, और अंगूरों के बाग़ात (उद्यान) हैं तथा खेत हैं एवं खजूरों के वृक्ष हैं, शाखाओं वाले तथा कुछ ऐसे हैं जो शाखाओं वाले नहीं, सब एक ही पानी से सींचे जाते हैं, फिर भी हम एक को एक पर फलों में बर्तरी (श्रेष्ठता) देते हैं।” (अर्रादः ४)

अंगूर के वृक्ष को हन्ज़ल (इंदराइन का वृक्ष जो सख़्त कड़वा होता है) के बगल में ज़मीन के एक ही टुकड़े में तुम देखते हो, दोनों एक ही पानी से सैराब होते (सींचे जाते) हैं, हर वृक्ष की जड़ें ज़मीन से अपनी मुनासिब ग़िज़ा (उपयुक्त खाद्य) चूस रही हैं जिससे उनका ढाँचा क़ायम है, और हर वृक्ष अपना अपना फल देता है, जो दूसरे वृक्ष के फल से रंग, मज़ा और बू में बिल्कुल मुख़्तलिफ़

(भिन्न) होता है। और इसी तरह आस पास के दूसरे दरख़्तों का भी यही हाल जिनकी ज़मीन एक और पानी एक है लेकिन रंग और मज़ा अलग अलग है, क्या यह पता नहीं देतीं कि एक बनाने वाले, हकीम क़ादिर का वुजूद बरहक़ (परम ज्ञानी तथा सक्षम का अस्तित्व सत्य) है?

﴿إِنَّ فِي ذَٰلِكَ لَآيَةً﴾ [البقرة: ٢٤٨]

"बेशक इसमें अल्लाह की बड़ी निशानी है।" (अल्‌बक़राः २४८)

कभी आदमी आस्मान से नाज़िल होने वाले पानी की तरफ़ देखता है जिससे ज़िंदगी का सहारा क़ायम है, अगर अल्लाह चाहता तो उसे खारा बना देता जिससे कोई फ़ायदा न होता। और कभी अल्लाह अपनी वह्‌दानियत और मुल्क व तद्‌बीर में अपनी इनफ़िरादियत पर कलाम (एकत्ववाद और बादशाहत व परिचालना में अपनी अनुपमता पर बात) करता है, अर्थातः

﴿مَا اتَّخَذَ اللَّهُ مِن وَلَدٍ وَمَا كَانَ مَعَهُ مِنْ إِلَٰهٍ﴾ [المؤمنون: ٩١]

"अल्लाह ने कोई औलाद नहीं बनाई, और न उसके साथ कोई माबूद है।" (अल्‌-मोमिनूनः ९१)

और दूसरी आयत में संक्षिप्त शब्दों (मुख़्तसर अल्‌फ़ाज़) में तथा महान अर्थ के साथ इर्शाद फ़रमायाः

﴿لَوْ كَانَ فِيهِمَا آلِهَةٌ إِلَّا اللَّهُ لَفَسَدَتَا﴾ [الأنبياء: ٢٢]

"अगर आस्मान व ज़मीन में अल्लाह के सिवा और कोई माबूद होता तो आस्मान व ज़मीन तबाह व बर्‌बाद हो चुके होते।" (अल्‌-अम्बियाः २२)

इनके अ़लावा दूसरे बहुत से दलाएल (प्रमाण) हैं। और अल्लाह ने अपने बंदों के लिए ऐसी इबादतें मशरूअ़ (शरीअ़त सम्मत) की हैं, जो नफ़्सों (आत्माओं) को संवारती और उसकी सफ़ाई करती हैं, और तअ़ल्लुक़ात को मुनज़्ज़म और क़वी (संबंधों को संगठित और शक्तिशाली) करती हैं, और दिलों को जोड़ती और उसे पाकीज़ा (निर्मल) बनाती हैं। इस्लाम इसी तालीम व शिक्षा को लेकर

नुमूदार (आविर्भुत) हुआ जिसकी दावत (आह्वान) पर तमाम पैग़म्बर मुत्तहिद (सहमत) थे। अल्लाह तआ़ला ने फ़रमायाः

﴿شَرَعَ لَكُم مِّنَ ٱلدِّينِ مَا وَصَّىٰ بِهِۦ نُوحًا وَٱلَّذِىٓ أَوْحَيْنَآ إِلَيْكَ وَمَا وَصَّيْنَا بِهِۦٓ إِبْرَٰهِيمَ
وَمُوسَىٰ وَعِيسَىٰٓ ۖ أَنْ أَقِيمُوا۟ ٱلدِّينَ وَلَا تَتَفَرَّقُوا۟ فِيهِ ۚ كَبُرَ عَلَى ٱلْمُشْرِكِينَ مَا تَدْعُوهُمْ إِلَيْهِ ۚ ٱللَّهُ
يَجْتَبِىٓ إِلَيْهِ مَن يَشَآءُ وَيَهْدِىٓ إِلَيْهِ مَن يُنِيبُ﴾ [الشورى: ١٣]

“अल्लाह तआ़ला ने तुम्हारे लिए वही दीन मुक़र्रर कर दिया है जिसके क़ायम करने का उसने नूह ﷺ को हुक्म दिया था, और जो (वह्य द्वारा) हमने तुम्हारी ओर भेज दी है, और जिसका ताकीदी हुक्म हमने इब्राहीम और मूसा और ईसा (अलैहिमुस्सलाम) को दिया था कि इस दीन को क़ायम रखना और उसमें फूट न डालना, जिसकी तरफ़ आप उन्हें बुला रहे हैं, वह तो (इन) मुशरिकों पर गिराँ (भारी) गुज़रती है। अल्लाह तआ़ला जिसे चाहता है अपना बरगुज़ीदा बंदा (सदात्मा) बनाता है, और जो भी इस तरफ़ रुजू करे वह उसकी सही रहनुमाई (मार्ग दर्शन) करता है।” (अश्शूराः १३)

ऐ अल्लाह! हमारे दिलों को ईमान के नूर से मुनव्वर (आलोक से आलोकित) फ़रमा, और हमें हमारे नफ़्स और शैतान की बुराई से पनाह में रख, और अपनी इताअ़त की हमें तौफ़ीक़ (आज्ञाकारिता की प्रेरणा) दे, और नाफ़रमानी से हमें बचा। और ऐ अर्हमर्राहिमीन (दया करने वालों में सबसे अधिक दया करने वाले)! अपनी रह्मत से हमको और हमारे वालिदैन (माता पिता) को और तमाम मुसलमानों को क्षमा कर दे। व सल्लल्लाहु अ़ला मुहम्मद व अ़ला आलिहि व सह्बिहि व सल्लम। अर्थात मुहम्मद, उनके परिवार-परिजन और उनके साथियों (सहाबा) पर दुरूद व सलाम नाज़िल हो।

अध्याय

सभी इन्साफ़ पसंद (न्याय प्रिय) मुहक़्क़िक़ीन (गवेषकों) ने इस बात की स्वीकृति दी है कि हर फ़ायदामंद इल्म चाहे वह दीनी हो या दुनियावी या सियासी क़ुर्आन ने उसे अच्छी तरह स्पष्ट कर दिया है। अतः इस्लामी शरीअ़त में कोई ऐसी चीज़ नहीं है जिसको अ़क़्ल (विवेक-बुद्धि) महाल (असंभव) समझती हो, बल्कि इसमें वही बातें हैं जिनकी सच्चाई व उपकारिता (इफ़ादियत) तथा दुरुस्तगी (यथार्थता) की अ़क़्ले सलीम (गंभीर विवेक) गवाही देती है। इसी तरह इस्लाम के तमाम अह्काम (विधि-विधान) इन्साफ़ तथा न्याय पर आधारित हैं, उनमें किसी तरह की कोई ज़ुल्म व ज़्यादती नहीं। जिस चीज़ का भी इस्लाम ने हुक्म दिया है वह सरासर भलाई या उसकी ओर ले जाने वाली है, और जिस चीज़ से उसने मना किया वह सरासर बुराई है या कम से कम उसकी बुराई उसकी अच्छाई पर ग़ालिब है। अ़क़्लमंद (बुद्धिमान) होशियार आदमी जब भी इस्लाम के अह्कामात पर ग़ौर करता है तो उसका ईमान व इख़्लास मज़बूत हो जाता है। और जब वह इस ठोस दीन पर ग़ौर करता है तो यह पाता है कि इस्लाम मकारिमे अख़्लाक़ (सुंदर चरित्र), सच्चाई व सफ़ाई, पाकदामनी व सतीत्व, न्याय व इन्साफ़, वादे की पाबंदी, अमानतों की अदायेगी, यतीम और मिस्कीन के साथ हुस्ने सुलूक (सदाचरण), पड़ोसी के साथ अच्छा बर्ताव, मेह्मान की इज़्ज़त व सम्मान, अच्छे अख़्लाक़ से आरास्ता (सुसज्जित) होने, मियाना रवी (मध्यवर्तिता) के साथ ज़िंदगी की लज़्ज़तों से लुत्फ़ अंदोज़ होने (स्वादों को उपभोग करने) और नेकी तथा तक़्वा व परहेज़गारी की दावत देता है। और बेहयाई (निर्लज्जता) व मुन्कर (शरीअ़त के ख़िलाफ़ बात) और पाप व अन्याय से रोकता है। वह केवल उन्हीं बातों का हुक्म देता है जिसका फ़ायदा दुनिया को सआ़दत व फ़लाह (सौभाग्य व कल्याण) की सूरत में प्राप्त होता है। और उन्हीं बातों से रोकता है जो लोगों में बदबख़्ती (दुर्भाग्य) और नुक़्सान का कारण होती है।

इस्लाम धर्म की ख़ूबियाँ

शराएअ् (मज़्हबी क़वानीन) की ख़ूबियाँ

और इस्लाम के बड़े बड़े मज़्हबी क़ानून अर्थात नमाज़ क़ायम करने, ज़कात अदा करने, रमज़ान का रोज़ा रखने और अल्लाह के घर का हज्ज करने की ख़ूबियों पर ग़ौर करो।

नमाज़ की ख़ूबियाँ

जब तुम नमाज़ पर ग़ौर करोगे तो तुम्हें मालूम होगा कि नमाज़ बंदा और अल्लाह के बीच एक ख़ुसूसी तअ़ल्लुक़ (विशेष संबंध) है। तुम उसमें अल्लाह के लिए इख़्लास और उसकी तरफ़ ध्यान और अदब व सम्मान, प्रशंसा व प्रार्थना, और ख़ुज़ूअ़् (विनय) और बंदा की तरफ़ से अपने रब के लिए अ़ज़्मत व जलाल का मज़्हर (महानता व प्रताप का दर्शन) पाओगे। और अपने आक़ा व मालिक (प्रभु व स्वामी) के लिए ताज़ीम व तक़्दीस व किब्रियाई (सम्मान व पवित्रता व बड़ाई) वाजिबी तौर पर बयान करने की राह दिखाता है। ग़ुलामी की शान आक़ा के हुज़ूर (समीप) होती है, आदमी अपने रब के सामने खड़ा होकर इक़्रार करता है कि वह हर चीज़ से बड़ा है और वही बड़ाई व बुज़ुर्गी का हक़्दार है (अल्लाहु अक्बर), फिर बंदा अल्लाह के शायाने शान (प्रतिष्ठा योग्य) उसकी हम्द व सना (प्रशंसा व स्तुति) बयान करता है, और बंदगी में सिर्फ़ उसी को ख़ास करता है, और उसी से आह् व ज़ारी (विलाप विनति) करते हुए मदद का तालिब (आवेदक) होता है कि अल्लाह हमें सिराते मुस्तक़ीम (सीधे मार्ग) की तरफ़ रह्नुमाई कर दे, और उन लोगों की राह दिखला जिन पर तू ने तौफ़ीक़ व हिदायत का इन्आ़म (अनुकम्पा) किया, और उन लोगों की राह से बचा ले जिन पर तेरा ग़ज़ब नाज़िल हुआ, क्योंकि वह सीधी राह को मालूम करके भी उससे मुन्हरिफ़ (विमुख) हो गए, और अल्लाह उन गुम्राह (पथभ्रष्ट) लोगों की राह से दूर रखे जो सत्य मार्ग से हट गए, जिन्होंने अपनी ख़ाहिशात (इच्छाओं) और शैतान की ग़ुलामी की।

और उस समय आत्मा अल्लाह की बड़ाई और उसकी हैबत व जलाल (आतंक

व प्रताप) से भर जाता है, और फिर बंदा अपने मुअ़ज़्ज़ज़ अअ़ूज़ा (आदृत अंगों-प्रत्यंगों) के बल अल्लाह के सामने सज्दे में गिर जाता है, और ज़िल्लत व लाचारी का इज़्हार (प्रकटन) उस ज़ात के सामने करता है जिसके हाथ में आस्मानों और ज़मीनों की कुंजियाँ हैं। दीनी हैसियत (धार्मिक दृष्टिकोण) से नमाज़ की खुसूसियतें (विशेषतायें) वास्तव में विश्व-जहान के प्रतिपालक के सामने झुकना और उस क़ाहिर व क़ादिर (प्रवल व शक्तिशाली) की बड़ाई का इक़रार तथा स्वीकृति है। और जब दिल इस हक़ीक़त को अच्छी तरह समझ जाता है और नफ़्स (हृदय) अल्लाह की हैबत (डर व भय) से भर जाता है, तो आदमी हराम चीज़ों से रुक जाता है। और यह कोई तअ़ज्जुब (आश्चर्य) की बात नहीं, क्योंकि नमाज़ के बारे में अल्लाह तआ़ला का फ़रमान है:

﴿إِنَّ ٱلصَّلَوٰةَ تَنْهَىٰ عَنِ ٱلْفَحْشَآءِ وَٱلْمُنكَرِ ۗ وَلَذِكْرُ ٱللَّهِ أَكْبَرُ﴾ [العنكبوت: ٤٥]

“बेशक नमाज़ बेहयाई व बुराई से रोकती है, निःसंदेह अल्लाह का ज़िक्र बहुत बड़ी चीज़ है।” (अल्-अ़न्कबूतः ४५)

और नमाज़ दीन व दुनिया के कामों में नमाज़ी की सबसे बड़ी सहायक है। अल्लाह तआ़ला का फ़रमान है:

﴿وَٱسْتَعِينُوا۟ بِٱلصَّبْرِ وَٱلصَّلَوٰةِ﴾ [البقرة: ٤٥]

“सब्र और नमाज़ के साथ मदद तलब करो।” (अल्-बक़राः ४५)

नमाज़ के दीनी व दुनियावी फ़वायेद (लाभ)

नमाज़ दीनी विषयों में इस तरह सहायक है कि बंदा जब नमाज़ का पाबंद हो जाता है, और उस पर हमेशगी (निरंतरता) बरतता है तो नेकियों में उसकी रग़बत (रुची) बढ़ जाती है, और बंदगी आसान हो जाती है, और नफ़्स के इत्मीनान और अज्र व सवाब की प्राप्ति, नेकी की उम्मीद के जज़्बे (मनोविकार) से एहसान (उपकार) करने लगता है। और दुनियावी भलाइयों में नमाज़ इस तरह सहायक है कि वह परेशानी को आसान कर देती है, और मुसीबतों में

तसल्ली (सांत्वना) का ज़रीया बनती है। और अल्लाह तआ़ला अच्छे अ़मल करने वालों का अज्र बर्बाद नहीं करता, बल्कि उसके कामों को आसान करके और उसके माल व आमाल में बर्कत प्रदान करके उसको प्रतिदान देता है।

और जमाअ़त के साथ नमाज़ अदा करने से जान पहचान, मुलाक़ात, मुहब्बत व मेहरबानी और रहम दिली हासिल होती है, और छोटे बड़े में वक़ार (गंभीरता) व मुहब्बत बढ़ती है, और उससे नमाज़ की कैफ़ियत (पद्धति) की अ़मली शिक्षा प्राप्त होती है।

ज़कात के लाभ और उसकी ख़ूबियाँ

और ज़कात की फ़र्ज़ियत पर ग़ौर करो तुमको बड़ी महान ख़ूबियाँ नज़र आएंगी, उदाहरण स्वरूप (मसलन): फ़क़ीरों की हालत की सुधार, बेचारों की हाजत रवाई (आवश्यकता पुर्ती), क़र्जदार के क़र्ज़ की अदायेगी, सख़ियों (उदारों) जैसा अख़्लाक़ पैदा होना और कमीनों के अख़्लाक़ से दूर रहना। और ज़कात थोड़ा ख़र्च करने पर भी दिल को दुनिया की मुहब्बत से पाक कर देती है, इससे माल तमाम हिस्सी और मअ़नवी (प्रत्यक्ष और अप्रत्यक्ष) कमियों तथा ख़राबियों से मह्फ़ूज़ (सुरक्षित) हो जाता है। और ज़कात से अल्लाह के रास्ते में जिहाद और उन तमाम कामों में बड़ी मदद मिलती है जिनसे मुसलमान बेनियाज़ (अमुखापेक्षी) नहीं हो सकते, इसी तरह से फ़क़ीरों के हमला से बचाव होता है, और यह समाज की बेहतरीन (श्रेष्ठतम) दवा और आत्माओं का इलाज (चिकित्सा) है, इससे आदमी कंजूसी की रज़ालत (नीचता) से पाक व साफ़ हो जाता है। अल्लाह तआ़ला का फ़र्मान है:

﴿وَمَن يُوقَ شُحَّ نَفْسِهِۦ فَأُوْلَٰٓئِكَ هُمُ ٱلْمُفْلِحُونَ﴾ [الحشر: ٩]

“जो भी अपने नफ़्स की कंजूसी से बचाया गया वही कामयाब है।” (अल्-हश्र: ९)

ज़कात का एक महान लाभ यह भी है कि अगर उसे मालदार सही तौर पर अदा करें तो इंतिहा पसंद सोशलिज़्म और ज़ालिमाना कम्यूनिज़्म (चरमपंथी समाजतंत्र

और अत्याचारपूर्ण साम्यवाद) की जड़ कट जाए। इसी तरह अगर ज़कात पूरी अदा कर दी जाये तो उससे शासकों को चैन हासिल हो, और उनकी कोशिशें उन चीज़ों पर सर्फ़ (व्यय) हों जिनका लाभ उम्मत को कामयाबी और ज़िंदगी की खुशहाली की शक्ल में नुमूदार (प्रकट) हो।

रोज़े के लाभ और उसकी ख़ूबियाँ

रोज़ा और उसकी ख़ूबियों पर ग़ौर करो। उन ख़ूबियों में से चंद क़ाबिले ज़िक्र (उल्लेख योग्य) यह हैं:

- रोज़ा इंसान में फ़क़ीरों के साथ दया व प्रेम की फ़ज़ीलत (मर्यादा) और कंगालों पर रहम दिली की ख़ूबी पैदा करता है, क्योंकि इंसान जब भूका होता है तो भूके फ़क़ीर को याद करता है, और जब वह खाने से रुक जाता है तो अपने ऊपर अल्लाह की नेमत का फ़ज़ूल (अनुकम्पा) अनुभव करके उसका शुक्र (कृतज्ञता) अदा करता है।

- रोज़ा सब्र और बुर्दबारी (सहिष्णुता) पर आत्मा को शक्तिशाली करता है। और यह दोनों अभ्यास इंसान को हर उस काम से रोकते हैं जिससे गुस्सा भड़कता है, क्योंकि रोज़ा आधा सब्र है, और सब्र आधा ईमान है।

- रोज़ा शरीर को दूषित चीज़ों से साफ़ करता है।

- रोज़ा आत्माओं को संवारता है और रूहों की सफ़ाई करता है, जिस्मों को पाक करता है, अंदरूनी शक्तियों की सुरक्षा और उसे हानिकारक चीज़ों से बचाने में रोज़ा एक निराला प्रभाव रखता है। इनके अ़लावा रोज़ा एक इबादत है और अल्लाह के हुक्म की आज्ञाकारिता है। और रोज़ा में जो मशक़्क़त व परेशानी उठानी पड़ती है वह सवाब की उम्मीद, अल्लाह का तक़र्रुब (निकटता) और महान प्रतिदान की लालच में अल्लाह की संतुष्टि की प्राप्ति के मुक़ाबला में उसकी कोई हैसियत नहीं।

✵ हज्ज के लाभ और उसकी ख़ूबियाँ

बैतुल्लाह (काबा गृह) के हज्ज की ख़ूबियों पर ग़ौर करो कि हज्ज मुस्लिम परिवारों को जमा करने का सबसे बड़ा माध्यम है। लोग दुनिया के पूरब व पच्छिम से आकर एक मैदान में जमा हो जाते हैं, एक अल्लाह की बंदगी करते हैं, सबके दिल एक होते हैं, और रूहें हज्ज में एक दूसरे से मानूस हो जाती हैं। मुसलमान दीनी मेल जोल और इस्लामी भाइचारगी की शक्ति को याद करते हैं। और हज्ज में नबियों तथा रसूलों के हालात और पाकबाज़ मुख़्लिसों (सच्चरित्र शुद्ध हृदय वालों) की स्थानों को याद किया जाता है, जैसाकि अल्लाह तआला का फ़रमान है:

﴿وَاتَّخِذُوا مِن مَّقَامِ إِبْرَاهِمَ مُصَلًّى﴾ [البقرة: ١٢٥]

"तुम मक़ामे इब्राहीम को नमाज़ की जगह मुक़र्रर कर लो।" (अल्-बक़राः १२५)

✤ और हज्ज नबियों के पेशवा (अगुवा) रसूलों के सरदार (मुहम्मद ﷺ) के हालात और हज्ज में उनके उन स्थानों को जो अज़ीम तरीन मक़ामात (महानतम स्थानें) हैं याद दिलाता है। और यह याद आला तरीन (उच्चतम) यादों में से है, क्योंकि वह अज़ीम तरीन रसूलों इब्राहीम ﷺ व मुहम्मद ﷺ के हालात और अज़ीमुश्शान (विशाल) यादगारों और उनकी बेहतरीन इबादतों को याद दिलाता है। और जो उन यादगारों को याद करता है वह रसूलों पर ईमान लाने वाला, उनकी ताज़ीम करने वाला, उनके बुलंद मक़ामात से मुतअस्सिर (उच्च स्थानों से प्रभावित) और उनकी पैरवी करने वाला है, उनकी फ़ज़ीलतों तथा महत्ताओं को याद करने वाला है, अतः इससे बंदा का ईमान व यक़ीन और बढ़ जाता है।

✤ और हज्ज की ख़ूबियों में से यह भी है कि उससे नफ़्स साफ़ होता है, ख़र्च करने का आदी (अभ्यस्त) बनता है, मशक़्क़तें सहन करने की योग्यता पैदा होती है, ज़ीनत तथा घमंड छोड़ने का अभ्यस्त होता है।

✤ और यह फ़ायदा भी है कि आदमी हज्ज में ख़ुद को दूसरों के बराबर

अनुभव करता है, और वहाँ न कोई राजा है न गुलाम, न कोई मालदार है न फ़क़ीर, बल्कि सब बराबर हैं।

- और हज्ज के लाभों में से यह भी है कि हज्ज यात्रा में विभिन्न शहरों में आने जाने से वहाँ के निवासियों का हाल और उनके तौर तरीक़े का इल्म हासिल (ज्ञान अर्जन) होता है, और महबते वह्य (वह्य के नाज़िल होने का स्थान) और नबियों तथा रसूलों के स्थानों की ज़ियारत करता है।

- हज्ज की एक ख़ूबी यह भी है कि वह उस अज़ीम इज्तिमाअ़ (महान सम्मेलन) को याद दिलाता है जो एक मैदान में संघटित होने वाला है जहाँ पुकारने वाला लोगों को सुनायेगा, और निगाह उन तक पहूँचेगी, और यह इज्तिमाअ़ हश्र के मैदान में होगा।

﴿يَوْمَ يَقُومُ ٱلنَّاسُ لِرَبِّ ٱلْعَٰلَمِينَ﴾ [المطففين: ٦]

“जिस दिन लोग विश्व-जहान के प्रतिपालक (अल्लाह) के सामने (नंगे पाँव तथा नंगे बदन) खड़े होंगे।” (अल्-मुतफ़्फ़िफ़ीनः ६)

- और एक फ़ायदा यह भी है कि नफ़्स बाल-बच्चे की जुदाई का ख़ूगर (अभिलाषी) हो जाए, क्योंकि उनसे जुदा होना तो हर हाल में है, लेकिन अगर उनसे अचानक जुदाई हो जाए तो जुदा होते समय बहुत ज़्यादा दुख पहुँचता है।

- और हज्ज का एक फ़ायदा यह भी है कि हाजी जब सफ़र का इरादा करता है तो सफ़र के दौरान की तमाम आवश्यकताओं के लिए तोशा (संबल) तैयार करता है। इसी तरह उसको आख़िरत के सफ़र के लिए भी तोशा इकट्ठा करना चाहिए, जो अति लंबा सफ़र है, जहाँ जाकर वापसी नहीं, यहाँ तक कि अल्लाह अव्वलीन व आख़िरीन (पहले और बाद में आने वाले) सबको जमा कर दे। हाजी अपने हज्ज के सफ़र के दौरान अजूनबी (अपरिचित) शहरों में अपनी ज़रूरत का सामान पा सकता है, लेकिन आख़िरत के सफ़र

में जिन चीज़ों का वह मुहताज (ज़रूरतमंद) होगा उनमें से सिर्फ़ वही पायेगा जिसे उसने दुनिया में अपनी आख़िरत के लिए जमा किया होगा। अल्लाह का इर्शाद है:

﴿وَتَزَوَّدُوا فَإِنَّ خَيْرَ الزَّادِ التَّقْوَىٰ﴾ [البقرة: ١٩٧]

"और अपने साथ सफ़र के ख़र्च ले लिया करो, सबसे बेहतर तोशा अल्लाह का डर है।" (अल्-बक़रा: १९७)

- और हज्ज की एक ख़ूबी यह भी है कि हाजी अल्लाह पर तवक्कुल (भरोसा करने) का अभ्यस्त हो जाता है, क्योंकि यह मुम्किन नहीं कि जिन चीज़ों की उसे हज्ज यात्रा में ज़रूरत है उनको अपने साथ ले जाए, अतः जितना साथ ले जा सका उसमें अल्लाह पर तवक्कुल करना ज़रूरी है, इस तरह जिन चीज़ों की उसे ज़रूरत है सब में अल्लाह पर तवक्कुल का वह अभ्यस्त हो जाता है।
- और हज्ज की एक अहम ख़ूबी यह भी है कि जब हाजी इह्राम बाँधता है, तो ज़िंदों का सिला हुआ लिबास उतार कर मुर्दों के लिबास के मुशाबिह (सदृश) लिबास पहनता है, इस तरह वह अपने आगे की मंज़िल की तैयारी करता है। इनके अ़लावा दूसरी बहुत सी ख़ूबियाँ हैं जिनका शुमार करना कठिन है।

अल्लाह के रास्ते में जिहाद (धर्मयुद्ध) करने के लाभ और उसकी ख़ूबियाँ

इसके बाद तुम अल्लाह के रास्ते में जिहाद की ख़ूबियों पर ग़ौर करो, जिसमें अल्लाह के दुश्मनों को हलाक किया जाता है, और अल्लाह से मुहब्बत करने वालों की मदद की जाती है, इस्लाम के कलिमा को बुलंद किया जाता है, और काफ़िर को कुफ़्र जैसी क़बीह (निकृष्ट) चीज़ छोड़ने की तर्ग़ीब (उत्साह) दी जाती, और सबसे बेहतर चीज़ की तरफ़ आने की रग़बत (उत्साह) दिलाई जाती है, और जिहाद में आदमी को जानवर के दर्जा से निकाला जाता है। काफ़िरों के बारे में अल्लाह तआ़ला का फ़रमान है:

﴿إِنْ هُمْ إِلَّا كَالْأَنْعَامِ بَلْ هُمْ أَضَلُّ سَبِيلًا﴾ [سورت فرقان: ٤٤]

"यह चौपाये जैसे हैं बल्कि उनसे भी बदतर हैं।" (अल्-फ़ुर्क़ानः ४४)

- और जिहाद की फ़ज़ीलतों में यह भी है कि मुजाहिदीन (जिहाद करने वालों) को अबदी (अनंतकाल की) ज़िंदगी नसीब होती है, इस तरह कि अगर उसने क़त्ल किया तो अल्लाह के दीन को बुलंद किया, और अगर शहीद किया गया तो अपने आपको ज़िंदा कर लिया। अल्लाह तआला का फ़र्मान हैः

﴿وَلَا تَحْسَبَنَّ الَّذِينَ قُتِلُوا فِي سَبِيلِ اللَّهِ أَمْوَاتًا بَلْ أَحْيَاءٌ عِندَ رَبِّهِمْ يُرْزَقُونَ﴾

[آل عمران: ١٦٩]

"जो लोग अल्लाह की राह में शहीद किये गये हैं, उनको हरगिज़ (कदापि) मुर्दा न समझें, बल्कि वह ज़िंदा हैं, अपने रब के पास रोज़ियाँ (जीविका) दिए जाते हैं।" (आल इम्रानः १६९)

- जिहाद में मुजाहिद को बड़ा महान सवाब (प्रतिदान) मिलता है।

- और इससे मुसलमानों की संख्या बढ़ती है और काफ़िरों की संख्या घटती है।

- और इसकी सबसे बड़ी ख़ूबी यह है कि जिहाद अल्लाह के हुक्म की ताबेदारी है। अल्लाह का इर्शाद हैः

﴿وَقَاتِلُوهُمْ حَتَّىٰ لَا تَكُونَ فِتْنَةٌ﴾ [البقرة: ١٩٣]

"उनसे लड़ो जब तक कि फ़ित्ना न मिट जाए।" (अल्-बक़राः १९३)

और उसका इर्शाद हैः

﴿يَا أَيُّهَا الَّذِينَ آمَنُوا قَاتِلُوا الَّذِينَ يَلُونَكُم مِّنَ الْكُفَّارِ﴾ [التوبة: ١٢٣]

"ऐ ईमान वालो! उन काफ़िरों से लड़ो जो तुम्हारे आस पास हैं।" (अत्तौबाः १२३)

- और जिहाद की ख़ूबियों में से एक बात यह भी है कि विजय व ग़लबा की सूरत में मुसलमान माले ग़नीमत (युद्धलब्ध संपद) पाते हैं, शुक्र (कृतज्ञता) करते हैं, और अपनी ताक़त व शक्ति का अनुभुति करते हैं, और अगर

काफ़िर उन पर ग़ालिब आ गए तो समझते हैं कि इसका सबब उनकी नाफ़रमानी और गुनाह है, और उनकी कमज़ोरी तथा आपसी तनाव है। ऐसी स्थिति में वह अल्लाह की ओर तौबा और गिर्या व ज़ारी (रोदन व विलाप) के साथ पनाह (आश्रय) ढूँढते हैं।

- और जिहाद की ख़ूबी यह भी है कि उसका छोड़ देना ज़िल्लत व रुस्वाई का कारण है, जैसाकि अ़ब्दुल्लाह बिन उ़मर रज़ियल्लाहु अन्हुमा से रिवायत है कि रसूल ﷺ ने फ़रमाया:

«إِذَا تَبَايَعْتُمْ بِالْعِينَةِ وَأَخَذْتُمْ أَذْنَابَ الْبَقَرِ، وَرَضِيتُمْ بِالزَّرْعِ، وَتَرَكْتُمُ الْجِهَادَ، سَلَّطَ اللهُ عَلَيْكُمْ ذُلًّا لَا يَنْزِعُهُ حَتَّى تَرْجِعُوا إِلَى دِينِكُمْ». [أبو داود / البيوع ٥٦ (٣٤٦٢)، مسند أحمد (٤٢/٢) (صحيح)]

«जब तुम ई़ना क्रय-विक्रय (ई़ना कहते हैं किसी से सामान को एक मुद्दत के वादे पर बेचना और फिर पहले मूल्य से कम में दोबारा ख़रीद लेना) करने लगोगे, गायों बैलों के दुम थाम लोगे, खेती बाड़ी में मस्त व मगन रहने लगोगे और जिहाद को छोड़ दोगे, तो अल्लाह तआ़ला तुम पर ऐसी ज़िल्लत मुसल्लत (आच्छादित) कर देगा, जिससे तुम उस समय तक नजात व छुटकारा न पा सकोगे जब तक अपने दीन की ओर लौट न आओगे।»
(अबू दाऊद/अल्बुयूअ़ ५६ {३४६२}, मुस्नद अह़मद २/४२) (सहीह)

- और जिहाद की ख़ूबियों में से निफ़ाक़ (कपटता) से बचना भी है, जैसाकि हदीस में है:

عَنْ أَبِي هُرَيْرَةَ رضي الله عنه أَنَّ النَّبِيَّ ﷺ قَالَ: «مَنْ مَاتَ وَلَمْ يَغْزُ، وَلَمْ يُحَدِّثْ نَفْسَهُ بِالْغَزْوِ، مَاتَ عَلَى شُعْبَةٍ مِنْ نِفَاقٍ». [مسلم / الإمارة ٤٧ (١٩١٠)، نسائي / الجهاد ٢ (٣٠٩٩)، مسند أحمد (٣٧٤/٢)]

अबू हुरैरा رضي الله عنه कहते हैं कि नबी करीम ﷺ ने फ़रमाया: «जो व्यक्ति मर गया, और उसने न जिहाद किया और न ही उसकी कभी नियत की, तो वह निफ़ाक़ की क़िस्मों (कपटता के भागों) में से एक क़िस्म पर मरा।»
(मुस्लिम/अल्इमारा ४७ {१९१०}, नसाई/अल्जिहाद २ {३०९९}, मुस्नद अह़मद २/३७४)

और दूसरी हदीस में है:

عَنْ أَبِي هُرَيْرَةَ ﷺ أَنَّ رَسُولَ اللهِ ﷺ قَالَ: «مَنْ لَقِيَ اللهَ بِغَيْرِ أَثَرٍ مِنْ جِهَادٍ، لَقِيَ اللهَ وَفِيهِ ثُلْمَةٌ». [ترمذي / فضائل الجهاد ٢٦ (١٦٦٦) ابن ماجه / الجهاد ٥ (٢٧٦٣)، (ضعيف)]

अबू हुरैरा ﷺ कहते हैं कि रसूल ﷺ ने फ़रमायाः «जो व्यक्ति जिहाद के किसी असर (चिंह) के बग़ैर अल्लाह तआ़ला से मिले, तो वह इस हाल में अल्लाह से मिलेगा कि उसके अंदर ख़लल (कमी व ऐब) होगा।» (तिर्मिज़ी/ फ़ज़ाइलुल जिहाद २६ {१६६६}, इब्नु माजा/अल्जिहाद ५ {२७६३}) (ज़ईफ़, इस हदीस के रावी इस्माईल बिन राफ़ेअ़ का हाफ़िज़ा कम्ज़ोर था)

और दूसरी हदीस में है:

«مَا تَرَكَ قَوْمٌ الْجِهَادَ إِلَّا عَمَّهُمُ اللهُ بِالْعَذَابِ» [المعجم الأوسط ١٤٨/٤، رقم الحديث: ٣٨٣٩ (صحيح الإسناد)]

«जो क़ौम जिहाद को छोड़ देगी, तो अल्लाह उस पर अ़ज़ाब को आ़म कर देगा।» (अल्मुअ़्जमुल औसत ४/१४८, हदीस नम्बरः ३८३९) (हदीस की सनद-सूत्र सहीह है)

- और जिहाद की ख़ूबियों में यह भी है कि तक्लीफ़ और आराम की हालत तथा पसंद और नापसंद दोनों हालतों में अल्लाह के औलिया की बदंगी से लोगों को आज़ाद कराना है। और इसके अ़लावा दूसरे वह दलायेल (प्रमाण) हैं जो अल्लाह के कलिमा को बुलंद करने के लिए उसके रास्ते में जिहाद की ख़ूबियों को बयान करते हैं।

ख़रीद व फ़रोख़्त (क्रय-विक्रय) की ख़ूबियाँ

इसके अ़लावा शरीअ़त ने मुआ़मलात (लेन देन) के विषय में जो हिदायात (निर्देशना) दी हैं उन पर भी ग़ौर करो। ख़रीद व फ़रोख़्त की ख़ूबी यह है कि आदमी अपने खाने, पीने, पहनने और रहने की ज़रूरियात (आवश्यक्ताओं) को पा लेता है। और उसकी एक ख़ूबी यह भी है कि वह उसके हुसूल (प्राप्ति) की दूरी को तय करता है, इस लिए कि जो व्यक्ति किसी चीज़ को उसके मूल स्थान से प्राप्त करना चाहेगा तो उसे सफ़र और सवारी पर सवार होने, और ख़तरात

(जोखिम) बर्दाश्त करनी पड़ेगी। और जब वह ख़रीद व फ़रोख़्त द्वारा उस चीज़ को पा जायेगा तो ख़तरात से सूरक्षित हो जायेगा, और सफ़र की मशक़्क़त उससे दूर हो जायेगी। ख़्याल करो कि ऊद (अगरू-एक ख़ुश्बूदार लकड़ी), कस्तूरी, मोटर गाड़ियाँ, मशीनें, कपड़े, इलायची और चीनी आदि के मूल स्थान कितने दूर हैं, तो बंदों पर अल्लाह की यह मेहरबानी है कि उसने अपने बाज़ बंदों को बाज़ के ताबे (अधीन) कर दिया है, और कामिल शरीअ़त ने तमाम प्रकार के मुआ़मलात (आदान प्रदान) का हल (समाधान) पेश कर दिया है, जैसे किराया और कम्पनियों के यहाँ वह चीज़ें जिनके हराम होने पर दलील स्पष्ट है मसलन् जिन चीज़ों में नुक़्सान, ज़ुल्म या जिहालत आदि है। अतः जो व्यक्ति शर्ई लेन देन पर ग़ौर करेगा, तो वह देखेगा कि शरीअ़त के उमूर (विषय) दीन व दुनिया की भलाई के साथ जुड़े हुए हैं। और ग़ौर करने वाला गवाही देगा कि अल्लाह की रह्मत और उसकी कृपा उसके बंदों पर वसीअ़ (प्रशस्त) है, और उसकी हिक्मत (रहस्य) ने उसके बंदों के लिए तमाम पाकीज़ा चीज़ों को जायज़ कर दिया है, और केवल उसी चीज़ से रोका है जो नापाक और दीन, अ़क्ल (विवेक) व बदन या माल को नुक़्सान पहूँचाने वाली है।

किरायादारी के लाभ

किरायादारी का फ़ायदा तो यह है कि मामूली (सामान्य) और थोड़े से माल के बदले लोगों की ज़रूरतें पूरी हो जाती हैं, क्योंकि हर व्यक्ति रहने के लिए मकान और सवारी के लिए गाड़ी और हवाई जहाज़ नहीं रख सकता, और न आटा पीसने के लिए चक्की, और न अपने मालों के लिए तिजोरियाँ बना सकता है। और कई तरह की बेशुमार चीज़ें जिनके लिए किरायादारी का जवाज़ (वैधता) पैदा हुआ। और सुलह (संधि) की ख़ूबियों का उल्लेख ज़रूरी नहीं, इसके बारे में अल्लाह तआ़ला का यह फ़र्मान काफ़ी हैः

﴿وَٱلصُّلۡحُ خَيۡرٌ﴾ [النساء: ١٢٨]

"सुलह ही में भलाई है।" (अन्निसाः १२८)

वकालत (प्रतिनिधित्व) और कफ़ालत (ज़िम्मेदारी-ज़मानत) की ख़ूबियाँ

इन दोनों में वह नेकियाँ हैं जो किसी पर पोशीदा नहीं, चाहे वह शरीअ़त का मानने वाला हो या न हो, और शरीअ़त को समझता हो या न समझता हो, हर हाल में उसे वकालत और कफ़ालत की ज़रूरत है, क्योंकि अल्लाह तआ़ला ने लोगों को पैदा किया और उन्हें इरादा व संकल्प में मुख़्तलिफ़ बनाया, न तो हर व्यक्ति ख़ुद काम करना चाहता, और न हर व्यक्ति को मामले की हक़ीक़त तक पहुँच होती है। अतः यह अल्लाह की कृपा है कि उसने अपनी मख़्लूक़ (सृष्टि) में वकालत और कफ़ालत को जायज़ क़रार दिया। इस लिए मामले वाले लोग सारे ख़रीद व फ़रोख़्त का काम ख़ुद से करें यह उनकी शान के ख़िलाफ़ है, क्योंकि नबी करीम ﷺ ने तवाज़ुअ़ (आवभगत) की सुन्नत की शिक्षा और उसके जवाज़ (वैधता) को बयान करने के लिए बाज़ कामों को ख़ुद किया और बाज़ कामों को दूसरे के सुपुर्द किया। चुनांचे क़ुर्बानियाँ ख़ुद भी कीं हैं, और अ़ली رضي الله عنه को भी अपने क़ुर्बानी के जानवर को ज़बह करने के लिए सोंपा।

और कफ़ालत की ख़ूबी यह है कि उसमें नर्मी और प्यार और भाईचारगी के अधिकारों की रिआ़यत की गई है, एक की ज़िम्मेदारी दूसरे के हवाला (हस्तांतर) की जाती है, जिससे ज़िम्मेदारी क़बूल करने वाले को ख़ुशी होती है, और ज़िम्मेदारी देने वाले का दिल वुस्अ़त (कुशादगी) के सबब पुर सुकून (शांतिमय) होता है। अल्लाह तआ़ला का फ़रमान है:

﴿وَمَا كُنتَ لَدَيْهِمْ إِذْ يُلْقُونَ أَقْلَامَهُمْ أَيُّهُمْ يَكْفُلُ مَرْيَمَ﴾ [آل عمران: ٤٤]

"तू उनके पास न था जबकि वह अपने क़लम डाल रहे थे कि मरयम को उनमें से कौन पालेगा।" (सूरह आलि-इम्रानः ४४)

यहाँ तक कि उनका कफ़ील (ज़िम्मेदार) ज़करिया عليه السلام को बनाया, जैसाकि अल्लाह का इर्शाद है:

﴿وَكَفَّلَهَا زَكَرِيَّا﴾ [آل عمران: ٣٧]

"और ज़करिया ﷺ ने उनकी कफ़ालत की।" (आल इम्रानः ३७)

और जब तुम वकालत और कफ़ालत की ख़ूबियाँ जान गए, तो तुमको यह अनुभव होगा कि हवाला (हस्तांतर) की ख़ूबियाँ स्पष्ट हैं। हवाला में वकालत और कफ़ालत दोनों शामिल हैं, अधिकंतु (मज़ीद) यह भी है कि ज़रूरतमंद की ज़िम्मेदारी लंबी परेशानी से ख़त्म हो जाती है। जब तुमने उसका हवाला क़बूल कर लिया, तो अपने भाई की ज़िम्मेदारी पूरी की, और उसके दिल में ख़ुशी पैदा कर दी, और एक मुसलमान के दिल में ख़ुशी पैदा करने का क्या अज्र व सवाब है वह तुम पर मख़्फ़ी (गोपन) नहीं।

शुफ़्आ़ (पहले ख़रीदने का अधिकार Pre-emption) की ख़ूबीयाँ

शुफ़्आ़ की ख़ूबी यह है कि पड़ोसी कभी कभार इस बेचे गए हिस्सा का ज़रूरतमंद होता है, इस तरह कि घर तंग हो और वह उसे कुशादा करना चाहता हो, या वह मुश्तरक (संयुक्त) ज़मीन उसके खेत के क़रीब हो और खेती वाले को उस ज़मीन की आवश्यकता हो।

- और शुफ़्आ़ की एक ख़ूबी यह भी है कि उससे पड़ोसी और शरीक (पार्टनर) के अधिकार की अ़ज़्मत का पता चलता है, इस तरह कि दूसरों के मुक़ाबला में पड़ोसी को अपने पड़ोस की जगह ख़रीदने का पहला अधिकार हासिल है। अलबत्ता वह अपना अधिकार ख़रीदने से इंकार कर दे तो और बात है।
- एक फ़ायदा इसका यह भी है कि पड़ोसी के नुक़सान को शुफ़्आ़ के हक़ के ज़रीया दूर कर दिया जाता है, और रसूल ﷺ का फ़रमान हैः

«لَا ضَرَرَ وَلَا ضِرَارَ». [ابن ماجه /الأحكام ١٧ (٢٣٤١)، مسند أحمد (٣١٣/١) (صحيح)]

«किसी को नुक़सान पहूँचाना जायज़ नहीं, न प्राथमिक रूप से न मुक़ाबला करते हुए।» (इब्नु माजा/अल्अह्काम १७ हदीस {२३४१}, मुस्नद अह्मदः १/३१३) (सहीह)

अर्थात इस्लाम में यह जायज़ नहीं कि कोई दूसरे को तक्लीफ़ पहूँचाये, और

न दूसरा उसको तक्लीफ़ पहूँचाये। और इसमें किसी को संदेह नहीं हो सकता है कि पड़ोस की वजह से मुस्तक़िल तौर पर (स्वतंत्र रूप से) किसी को तक्लीफ़ पहूँचाने के नुक़्सान को दूर करना निहायत (अत्यंत) अच्छी बात है, मसलन (उदाहरण स्वरूप): आग जलाने की तक्लीफ़, दीवार ऊँची करने की तक्लीफ़, धुआँ और गर्द व गुबार फैलाने की तक्लीफ़, और इन सब से बढ़ कर टेलीवीज़न और रेडियो की आवाज़ की तक्लीफ़, और ऐसी चीज़ों का पैदा करना जिससे पड़ोसी की जायदाद को नुक़्सान पहूँचे इत्यादि इत्यादि।

अमानत की अदायेगी की ख़ूबी

इसकी ख़ूबी स्पष्ट है कि इसमें अल्लाह के बंदों के मालों की हिफ़ाज़त व सूरक्षा के लिए उनकी मदद करना, और अमानत की अदायेगी अमलन और शर्अ़न निहायत मुअ़ज़्ज़ज़ ख़स्लत (वास्तवता तथा शरीअ़त की दृष्टिकोण से अत्यंत आदृत स्वभाव) है।

- और इसकी एक ख़ूबी यह भी है कि इसके द्वारा अल्लाह के बंदों के साथ नेकी की जाती है, और नेकी करने वालों को अल्लाह पसंद फ़रमाता है।
- और एक फ़ायदा यह भी है कि इससे मुसलमानों के बीच उल्फ़त व भाईचार्गी (मुहब्बत व भ्रातृत्व) पैदा होती है और एक दूसरे की मुहब्बत का माध्यम है।

बीवी के साथ अच्छी तरह गुज़र बसर करने का हुक्म

इस्लाम की ख़ूबियों में से यह भी है कि उसने शौहर को बीवी के साथ बद सुलूकी (कुआचरण) से मना किया है, और शौहर को हुक्म दिया है कि वह बीवी की अच्छाइयों और बुराइयों के दर्मियान मुवाज़ना (तुलना) करे, और अगर दोनों बराबर हूँ तो बुराइयों को नज़र अंदाज़ (उपेक्षा) कर दे, जबकि उसकी ख़ूबियाँ उसमें मौजूद हों, क्योंकि बुराइयाँ केवल औ़रत की कम्ज़ोरी के कारण से होती हैं। रसूलुल्लाह ﷺ का इर्शाद है:

«لَا يَفْرَكْ مُؤْمِنٌ مُؤْمِنَةً، إِنْ كَرِهَ مِنْهَا خُلُقًا رَضِيَ مِنْهَا آخَرَ» أَوْ قَالَ: «غَيْرَهُ». [مسلم / النكاح ١٨ (١٤٦٩)]

«कोई मुमिन मर्द किसी मुमिन औ़रत से बुग्ज़ (शत्रुता) न रखे, अगर उसकी एक आ़दत नापसंद होगी तो दूसरी आ़दत पसंद होगी।» या आप ﷺ ने फ़रमायाः «उसके सिवा दूसरी आ़दत पसंद होगी।» (मुस्लिमः निकाह १८, हदीस नम्बरः १४६९)

तरिका (पैतृक संपत्ति) की ख़ूबियाँ

फ़राइज़ तथा माल का वारिसों में तक़्सीम करना तो अल्लाह तआ़ला ने उसे ख़ुद ही मुक़र्रर फ़रमाया है, वारिसों के क़ुर्ब और बोद (निकटता और दूरी) और नफ़ा को जानते हुए, और इस एतेबार से कि बंदे के साथ नेकी का कौनसा तरीक़ा बेहतर है। और फ़राइज़ की ऐसी बेहतर तरतीब फ़रमाई है कि अ़क़्ले सहीह (शुद्ध विवेक) इसके अच्छे होने की गवाही देती है। अगर जायदाद की तक़्सीम लोगों की राय, उनकी इच्छाओं और इरादों पर छोड़ दी जाती तो इसकी वजह से बड़ा बिगाड़, इख़्तिलाफ़, बद नज़्मी (दुर्व्यवस्था) और बद इंतिख़ाबी (कुनिर्वाचन) पैदा होती।

❁ और इसकी ख़ूबियों में से यह भी है कि इससे हक़ीक़ी सबब को नसब के साथ मिला दिया है, और यह सबब आपसी निकाह और वला है। और जब अल्लाह तआ़ला ने अ़क़्दे निकाह (शादी के बंधन) को मुहब्बत व उल्फ़त और लोगों के दरमियान तअ़ल्लुक़ात (संबंधों) का ज़रीया बनाया है, तो यह कोई अच्छी बात नहीं कि पति-पत्नी में से जब किसी की मौत हो तो ज़िंदा रहने वाले को मरने वाले की जुदाई का सदमा (दुःख) उठाना पड़े, और उसे जुदा होने वाले की कोई चीज़ न मिले। नीज़ (उपरांत) इस विरासत में अल्लाह ने शौहर को औ़रत के मुक़ाबिले में दोगुना हिस्सा दिया है।

❁ और इसकी ख़ूबियों में से यह भी है कि उसने अलग अलग दीन हो जाने की स्थिति में विरासत नहीं दी है, अतः मुसलमान की मौत पर उसका काफ़िर रिश्तादार चाहे वह कितना ही क़रीबी क्यों न हो मुसलमान का वारिस नहीं होगा, क्योंकि अगरचे वह रिश्ता में क़रीब है लेकिन दीन में उससे बहुत दूर है। और

इस लिए भी कि काफ़िर मुर्दा के बराबर है, और मुर्दा दूसरे मुर्दे का वारिस नहीं हो सकता। काफ़िर के बारे में अल्लाह तआला का इर्शाद है:

﴿أَوَمَن كَانَ مَيْتًا فَأَحْيَيْنَٰهُ وَجَعَلْنَا لَهُۥ نُورًا يَمْشِى بِهِۦ فِى ٱلنَّاسِ﴾ [الأنعام: ١٢٢]

"ऐसा व्यक्ति जो पहले मुर्दा था फिर हमने उसको ज़िंदा कर दिया, और हमने उसको ऐसा नूर (ज्योति) दे दिया कि वह उसको लिए हुए आदमियों में चलता फिरता है।" (अलअन्आम: १२२)

दूसरी जगह इर्शाद फ़रमाया:

﴿يُخْرِجُ ٱلْحَىَّ مِنَ ٱلْمَيِّتِ وَيُخْرِجُ ٱلْمَيِّتَ مِنَ ٱلْحَىِّ﴾ [الروم: ١٩]

"वही ज़िंदा को मुर्दा से और मुर्दा को ज़िंदा से निकालता है।" (अर्रूम: १६)

रहा काफ़िर तो काफ़िर का वारिस हो सकता है, क्योंकि उनका हाल व माल दोनों बराबर व समान है।

हिबा (दान-बख़्शिश) की ख़ूबियाँ

किसी चीज़ का हिबा करना मुस्तहब (बेहतर) है, इस शर्त पर कि उससे अल्लाह की रिज़ा (संतुष्टि) मक़्सूद हो, और इसका उसूल इज्माअ् है, जैसाकि अल्लाह का इर्शाद है:

﴿فَإِن طِبْنَ لَكُمْ عَن شَىْءٍ مِّنْهُ نَفْسًا فَكُلُوهُ هَنِيٓـًٔا مَّرِيٓـًٔا﴾ [النساء: ٤]

"अगर औरतें ख़ुद अपनी ख़ुशी से कुछ महर छोड़ दें तो उसे शौक़ से ख़ुश हो कर खा लो।" (अन्निसा: ४)

और फ़रमाया:

﴿وَءَاتَى ٱلْمَالَ عَلَىٰ حُبِّهِۦ﴾ [البقرة: ١٧٧]

"माल से मुहब्बत करने के बावजूद माल दे दे।" (अलबक़रा: १७७)

और अल्लाह तआला निहायत करीम (उदार), बड़ा सख़ी और बहुत प्रदान करने वाला है।

हद्‌या व तोह्‌फ़ा (उपहार) के फ़ायदे

और हद्‌या की ख़ूबियों में से यह है कि वह आपस में मुहब्बत और दोस्ती का ज़रीया है। जैसाकि हदीस में है:

«**تَهَادَوْا تَحَابُّوا**». [موطأ إمام مالك / حسن الخلق ٤ (١٦) (صحيح)]

«आपस में हद्‌या दो एक दूसरे को महबूब (प्यारे) बन जाओगे।» (मुवत्ता इमाम मालिकः हुस्नुल ख़ुलुक़ ४, हदीस नम्बर १६) (सहीह)

और इसकी एक ख़ूबी यह भी है कि वह कीना कपट को दूर करता है। हदीस में है:

«**تَهَادَوْا فَإِنَّ الْهَدِيَّةَ تَسُلُّ السَّخِيمَةَ**». [مختصر مسند البزار ج١، ح٩٣١، مجمع البحرين في زوائد المعجمين (٢٠٥١) (ضعيف الإسناد)]

«एक दूसरे को हद्‌या दो, क्योंकि हद्‌या कीना कपट को दूर करता है।» (मुख़्तसर मुस्नदुल बज़्ज़ारः खंड १, हदीस नम्बरः ६३१, मज्‌मउल्‌ बह्‌रैन फ़ी ज़वाइदिल्‌ मोजमैन, हदीस नम्बरः २०५१) (इस हदीस की सनद सूत्र ज़ईफ़ है)

और नबी अक्‌रम ﷺ ने नजाशी को कपड़ों का जोड़ा और मिश्क का डिब्‌या हद्‌या में पेश की। और रसूलुल्लाह ﷺ खुद भी हद्‌या क़बूल फ़रमाते और उसका बदला देते थे।

- और हद्‌या की एक ख़ूबी यह भी है कि वह तअ़ल्लुक़ात को मज़बूत करता है, और जब तअ़ल्लुक़ मज़बूत हो जाता है तो उम्मत के क़दम जम जाते हैं, अतः उम्मत के लोगों के बीच बेहतरीन तअ़ल्लुक़ उसकी कामयाबी का भेद है।

- और हद्‌या की एक ख़ूबी यह भी है कि उससे हद्‌या देने वालों के दर्‌मियान इतिमाद (आस्था-भरोसा) बढ़ता है। और इनके अ़लावा भी हद्‌या के बहुत सी ख़ूबियाँ हैं।

शादी की ख़ूबियाँ

शादी करना मुस्तहब है। और उसकी ख़ूबियाँ बहुत हैं:

- अहम ख़ूबी यह है कि उससे शरमगाह की हिफ़ाज़त होती है, और उससे बीवी की भी हिफ़ाज़त होती है, उसके हुकूक़ (प्राप्य-अधिकार) अदा होते हैं, और शादी तमाम रसूलों का तरीक़ा और सुन्नत रही है।

- उसकी एक ख़ूबी यह है कि उसके ज़रीया उम्मत बढ़ती है, और नस्ल में इज़ाफ़ा (बृद्धि) होता है, और उसके ज़रीया नबी अक्रम ﷺ का फ़ख़्र (गौरव) पूरा होता है, और उससे मर्द की घरेलु ज़रूरत जैसे खाना पकाना वग़ैरा पूरी होती है, और उससे घर और औलाद की निग्रानी भी होती है, और शादी के ज़रीया मर्द बीवी से सुकून तथा दिली इत्मीनान (शांति) पाता है, और उससे उन्सियत (अनुराग) हासिल करता है, और उसके साथ ज़िंदगी बसर करता है, और दूसरी बहुत सी मस्लहतें (भलाइयाँ) पूरी होती हैं।

तलाक़ की अह्मियत तथा विशेषता

तलाक़ की ख़ूबी यह है कि अल्लाह तआ़ला उसका अधिकार केवल शौहर को प्रदान किया है, और यह तीन तलाक़ों के बाद औ़रत क़तई तौर पर (बिल्कुल) हराम हो जाती है, क्योंकि जो व्यक्ति तीन बार तलाक़ देता है वह अपनी बेहतरी बीवी से जुदाई ही में पाता है, और शरीअ़त ने तीन बार तलाक़ पाई हुई औ़रत को हलाल करने के लिए उसका दूसरे से निकाह होना और उसके साथ हम्बिस्तरी (संभोग) करना ज़रूरी क़रार दिया है, ताकि इस कठिन शर्त की वजह से शौहर अपनी तीन बार तलाक़ दी हुई औ़रत को दोबारा न लौटा सके, और उसकी जुदाई ही में अपनी बेहतरी समझे।

और उसकी एक ख़ूबी यह भी है कि शरीअ़त ने तलाक़ के ज़रीया बीवी को हमेशा के लिए हराम नहीं कर दिया है कि उसको दोबारा निकाह में लाना

नामुम्किन (असंभव) हो, क्योंकि बसा औक़ात (कभी कभार) मर्द मुतल्लक़ा (तलाक़ प्राप्ता) बीवी की जुदाई को बर्दाश्त नहीं कर सकता और उसकी ख़ातिर हलाक हो जाता है। अतः शरीअ़त ने उसको दोबारा हासिल करने के लिए यह तरीक़ा रखा है कि औ़रत दूसरे मर्द से शादी करके उसकी लज़्ज़त हासिल कर ले (दूसरा मर्द भी उससे लज़्ज़त हासिल कर ले)।

अल्बत्ता हलाला के ज़रीया औ़रत को हासिल करना जायज़ नहीं, क्योंकि हदीस में है:

«لَعَنَ اللهُ الْمُحَلِّلَ وَالْمُحَلَّلَ لَهُ». [أبو داود/النكاح ١٦ (٢٠٧٦)، ترمذي/النكاح ٢٧ (١١١٩)، ابن ماجه/النكاح ٣٣ (١٩٣٥)، مسند أحمد (١/١٠٧،١٢١،١٥٠،١٥٨،٨٧) (صحيح)]

अ़ली ﷺ कहते हैं कि नबी अक्रम ﷺ ने फ़रमया: «हलाला करने वाले और कराने वाले दोनों पर अल्लाह की लानत है।» (अबू दाऊद: अन्निकाह १६, हदीस नम्बर: २०७६, तिर्मिज़ी: अन्निकाह २७, हदीस नम्बर: १११६, इब्नु माजा: अन्निकाह ३३, हदीस नम्बर: १६३५, मुस्नद अहमद: १/८७, १०७, १२१, १५०, १५८) (सहीह)

- और तलाक़ की ख़ूबी और सुन्नत यह है कि वह उस तोहूर (पवित्रता के दिनों) में दी जाती है जिसमें बीवी से जिमाअ़ (संभोग) न किया गया हो, इस लिए कि अगर संभोग के बाद तलाक़ दी जाए तो मुतल्लक़ा (तलाक़ प्राप्ता) की तरफ़ तब्अ़न (स्वभावत) मैलान कम हो जायेगा, इस तरह मर्द मामूली सी बात और थोड़ी सी तक्लीफ़ पर भी बीवी से जुदाई पर तैयार हो जायेगा। आदमी जब किसी चीज़ से आसूदा (तृप्त) हो जाता है तो वह चीज़ उसे मामूली मालूम होती है, और वह चीज़ उसकी निगाह से गिर जाती है, और जब उसका भूका होता है तो उसकी क़द्र दिल में बढ़ जाती है, तो तलाक़ आसूदगी की हालत में नहीं होती। और बसा औक़ात आदमी तलाक़ पर नादिम (शर्मिंदा) होकर तलाक़ तोड़ना चाहता है।

- तलाक़ का सुन्नत तरीक़ा यह है कि आदमी अपनी बीवी को उस तोहूर (पवित्रता के दिनों) में तलाक़ दे जिसमें उससे हम्बिस्तरी न की हो, क्योंकि मर्द की पूर्ण चाहत और बीवी की तरफ़ पूरे मैलान का यह समय होता है,

बज़ाहिर (साधारणतः) ऐसी हालत में तलाक़ जैसे फ़ेल (कार्य) का इक़्दाम (पहल) किसी ख़ास ज़रूरत ही के तहत किया जा सकता है, अतः ऐसी तलाक़ की इजाज़त दी गई है।

- तलाक़ की एक ख़ूबी यह भी है कि शरीअ़त ने हँसी मज़ाक़ में दी हुई तलाक़ को भी सच मुच नाफ़िज़ (लागू) कर दिया है। रसूलुल्लाह ﷺ का फ़रमान है:

«ثَلَاثٌ جِدُّهُنَّ جِدٌّ وَهَزْلُهُنَّ جِدٌّ: النِّكَاحُ، وَالطَّلَاقُ، وَالرَّجْعَةُ». [أبو داود / النكاح ٩ (٢١٩٤)، ترمذي / الطلاق ٩ (١١٨٤)، ابن ماجه / الطلاق ١٣ (٢٠٣٩) (حسن)]

«तीन चीज़ें ऐसी हैं कि उन्हें चाहे संजीदगी (गंभीरता) से किया जाए या हँसी मज़ाक़ में किया जाए, उनका एतिबार (वह विवेचित) होगा, वह यह हैं: निकाह, तलाक़ और रजूअ़त (तलाक़ के बाद बीवी को वापस करना)।» (अबू दाऊदः निकाह ९, हदीस नम्बरः २१९४, तिर्मिज़ीः तलाक़ ९, हदीस नम्बरः ११८४, इब्नु माजाः तलाक़ १३, हदीस नम्बरः २०३९) (हसन)

जब आदमी को मालूम हो जाएगा कि यह चीज़ें चाहे मज़ाक़ ही से सही मुँह से बोलने ही से सच मुच वाक़ेअ़ (घटित) हो जायेंगी, तो वह अगर समझदार होगा तो इनके कहने से इन्शाअल्लाह बाज़ (विरत) रहेगा।

क़िसास (प्रतिहिंसा) की अहमियत व फ़ायदे

क़िसास और सज़ाएं फ़र्ज़ किये जाने की ख़ूबी यह है कि इससे बाग़ी नुफ़ूस (सरकश आत्माएं) और कठोर दिल जो दया व कृपा से ख़ाली हैं बुराई और जराएम (अपराधों) से बाज़ आ जाएं।

और इसका फ़ायदा यह भी है कि सरकश जमाअ़तों (विद्रोही दलों) को इसका सबक़ सिखाया जाता है। अतः एक क़ातिल (हत्याकारी) के क़त्ल और एक चोर के हाथ काटे जाने का फ़ैसला ख़ूनख़राबा से बचाता है। अल्लाह तआ़ला का फ़रमान है:

﴿وَلَكُمْ فِي الْقِصَاصِ حَيَاةٌ﴾ [البقرة: ١٧٩]

"और तुम्हारे लिए क़िसास में ज़िंदगी है।" (अलबक़राः १७९)

और चोर के हाथ काटने से माल की हिफ़ाज़त होती है, लोग निडर और मुत्मइन होकर ज़िंदगी बसर करते हैं। अल्लाह तआ़ला का इर्शाद हैः

﴿ وَٱلسَّارِقُ وَٱلسَّارِقَةُ فَٱقْطَعُوٓا۟ أَيْدِيَهُمَا جَزَآءًۢ بِمَا كَسَبَا نَكَـٰلًا مِّنَ ٱللَّهِ ۗ وَٱللَّهُ عَزِيزٌ حَكِيمٌ ﴾ [المائدة: ٣٨]

"चोरी करने वाले मर्द और औ़रत के हाथ काट दिया करो, यह बदला है उसका जो उन्होंने किया, अ़ज़ाब अल्लाह की तरफ़ से, और अल्लाह तआ़ला ताक़त व हिक्मत वाला है।" (अल्माइदाः ३८)

ज़िना और उसके पेश ख़ीमों (भूमिके) जैसे अज्नबी (अपरिचित) औ़रत की तरफ़ देखना, उसके साथ तन्हाई (एकांत) में बैठना, बोसा लेना और छूना आदि को हराम क़रार दिया है, और खुले आ़म ज़ानी के रज्म (व्यभिचारी के संगसार) और लूती के क़त्ल का हुक्म दिया है, और ग़ैर शादी शुदा ज़ानी (अविवाहित व्यभिचारी) को सौ कोड़े मारने और जला वतन (देश निकाला) करने का हुक्म दिया है। यह सारे अह्कामात केवल इस लिए हैं कि नसब और आबरू (कुल और इ़ज़्ज़त) की हिफ़ाज़त हो, और अख़्लाक़ सुरक्षित रहें, और उम्मत तबाही व बर्बादी से बच जाए।

शराब की हुर्मत (मनाही) और उसकी हिक्मत

शरीअ़त ने शराब को हराम क़रार दिया, और उसे तमाम बुराइयों की जड़ बताया, और उसके पीने वाले को कोड़े मारने का हुक्म दिया, क्योंकि उसने निहायत तुच्छ तथा नीच (घिनावना) काम का इर्तिकाब किया है। यह सब सिर्फ़ इस लिए कि अ़क़्ल दुरुस्त (सही) रहे, और माल बर्बादी से बचा रहे, और शरफ़ (प्रतिष्ठा) तथा अख़्लाक़ साफ़ सुथरा बाक़ी रहे।

ऐ अल्लाह! हमारे दिलों को अपनी मुहब्बत व इताअ़त पर चला, और हमें दुनिया व आख़िरत की ज़िंदगी में अपने मज़्बूत क़ौल (सुदृढ़ बात) पर साबित रख, और अपने ज़िक्र व शुक्र की हमें तौफ़ीक़ प्रदान कर, और दुनिया व आख़िरत में हमें भलाई प्रदान कर, जहन्नम के अ़ज़ाब से हमें बचा, ऐ दया

करने वालों में सबसे ज़्यादा दया करने वाला! अपनी ख़ास रहमत से हमें और हमारे वालिदैन (माता पिता) और तमाम मुसलमानों को बख़्श दे।

अल्लाह तआ़ला मुहम्मद, उनके आल व औलाद तथा उनके सहाबियों पर दुरूद व सलाम नाज़िल करे।

इस्लाम की ख़ूबियाँ एक नज़र में
सलाह-मश्वरा का हुक्म

- इस्लाम की ख़ूबियों में से एक यह भी है कि उसने सलाह-मश्वरा लेने, और जब वह दुरुस्त (दोषरहित) तथा अ़क़्ल व मन्तिक़ (ज्ञान व युक्ति) और तजुर्बे के अनुसार हो तो उसको क़बूल करने की तर्ग़ीब (उत्साह) दी है। अल्लाह तआ़ला का फ़र्मान है:

﴿وَأَمْرُهُمْ شُورَىٰ بَيْنَهُمْ﴾ [الشورى: ٣٨]

"और उनका हर काम आपस में सलाह-मश्वरे से होता है।" (अश्शूराः ३८)

तक़्वा-परहेज़गारी (संयम) अपनाने की तर्ग़ीब (उत्साह प्रदान)

- और इस्लाम की ख़ूबियों में से यह भी है कि (इस्लाम की शिक्षा के अनुसार) अल्लाह के नज़्दीक सबसे बेहतर आदमी वह है जो नेकी और परहेज़गारी में सबसे बेहतर हो। जैसाकि अल्लाह तआ़ला का इर्शाद है:

﴿إِنَّ أَكْرَمَكُمْ عِندَ اللَّهِ أَتْقَاكُمْ﴾ [الحجرات: ١٣]

"अल्लाह के नज़्दीक तुम में से बाइ़ज़्ज़त वह है जो सबसे ज़्यादा डरने वाला है।" (अल्हुजुरातः १३)

- और इस्लाम की ख़ूबियों में यह है कि उसने गुलामों को आज़ाद करने और उनके साथ अच्छा बर्ताव करने की तर्ग़ीब दी है।

- और इस्लाम की ख़ूबियों में से है पड़ोसी के साथ अच्छा बर्ताव करना, मेहमान की ख़ातिर करना और यतीम व मिस्कीन की देख-रेख करना।

बाहमी (पारस्परिक) मुहब्बत करने की तर्ग़ीब

और इस्लाम की ख़ूबियों में से यह भी है कि वह लोगों को बाहमी (पारस्परिक) प्यार व मुहब्बत, दिल की सफ़ाई और मदद करने की ताकीद करता है। रसूलुल्लाह ﷺ का इर्शाद है:

«الْمُؤْمِنُ لِلْمُؤْمِنِ كَالْبُنْيَانِ، يَشُدُّ بَعْضُهُ بَعْضًا». [بخاري / الصلاة ٨٨ (٤٨١)، مسلم / البر والصلة ١٧ (٢٥٨٥)]

«एक मुमिन दूसरे मुमिन के लिए इमारत की तरह है, जिसका एक हिस्सा दूसरे हिस्सा को मज़बुत करता है।» (बुख़ारीः अस्सलात ८८, हदीस नम्बरः ४८१, मुस्लिमः अल्‌बिर्र वस्सिला १७, हदीस नम्बरः २५८५)

इस्लाम की अहम ख़ूबियों में से यह है कि इख़्तिलाफ़, कराहियत, फ़िर्क़ा बंदी की मज़म्मत (भिन्नता, नफ़रत, साम्प्रदायिकता की निंदा) करता है। जैसाकि अल्लाह तआ़ला ने फ़रमायाः

﴿وَٱعْتَصِمُوا۟ بِحَبْلِ ٱللَّهِ جَمِيعًا وَلَا تَفَرَّقُوا۟﴾ [آل عمران: ١٠٣]

“और अल्लाह तआ़ला की रस्सी को सब मिल कर मज़बूत थाम लो, और फूट न डालो।” (सूरह आलि इम्रानः १०३)

चुग़लख़ोरी तथा ज़ुल्म की मज़म्मत (निंदा)

इस्लाम की ख़ूबियों में से यह भी है कि वह चुग़ली, ग़ीबत, हसद, ऐब जूई (दोष तलाश करना), झूट व ख़ियानत से रोकता है। इस विषय से मुतअ़ल्लिक़ (संबंधी) आयतें और हदीसें बहुत हैं जिन्हें तलाश करने पर पा जाओगे।

और इस्लाम की ख़ूबियों में से यह भी है कि वह ज़ुल्म से रोकता है, और दूर व नज़दीक वालों के साथ इंसाफ़ (न्याय) करने का हुक्म देता है। अल्लाह तआ़ला का इर्शाद है:

﴿يَـٰٓأَيُّهَا ٱلَّذِينَ ءَامَنُوا۟ كُونُوا۟ قَوَّٰمِينَ لِلَّهِ شُهَدَآءَ بِٱلْقِسْطِ ۖ وَلَا يَجْرِمَنَّكُمْ شَنَـَٔانُ قَوْمٍ عَلَىٰٓ أَلَّا تَعْدِلُوا۟ ۚ ٱعْدِلُوا۟﴾ [المائدة: ٨]

"ऐ ईमान वालो! तुम अल्लाह के लिए हक़ (सत्य) पर क़ायम हो जाओ, सच्चाई और इंसाफ़ के साथ गवाही देने वाले बन जाओ, किसी क़ौम की दुश्मनी तुम्हें न्याय के ख़िलाफ़ पर आमादा न करे, न्याय किया करो।" (अल्‌माइदाः ८)

और फ़रमायाः

﴿إِنَّ ٱللَّهَ يَأۡمُرُ بِٱلۡعَدۡلِ وَٱلۡإِحۡسَٰنِ﴾ [النحل: ٩٠]

"अल्लाह तआ़ला न्याय व भलाई करने का हुक्म देता है।" (अन्नह्लः ९०)

क्षमा (माफ़) करने की ख़ूबियाँ

इस्लाम की ख़ूबियों में यह भी है कि ज़्यादती करने वाले को माफ़ करने का हुक्म देता है। अल्लाह तआ़ला का फ़र्‌मान हैः

﴿وَلۡيَعۡفُواْ وَلۡيَصۡفَحُوٓاْ﴾ [النور: ٢٢]

"चाहिए कि माफ़ कर दें और क्षमा फ़रमायें।" (अन्नूरः २२)

और फ़रमायाः

﴿ٱدۡفَعۡ بِٱلَّتِي هِيَ أَحۡسَنُ﴾ [المؤمنون: ٩٦]

"बुराई को इस तरह दूर करें जो सरासर भलाई वाला हो।" (अल्‌मुमिनूनः ९६)

और फ़रमायाः

﴿وَأَن تَعۡفُوٓاْ أَقۡرَبُ لِلتَّقۡوَىٰ﴾ [البقرة: ٢٣٧]

"तुम्हारा माफ़ कर देना परहेज़गारी (संयम) से बहुत क़रीब है।" (अल्‌बक़राः २३७)

✿ इस्लाम की ख़ूबियों में से यह भी है कि वह दो भाईओं के दर्‌मियान सुलह (मेल) करने की दावत देता है और जुदाई से मना करता है। अल्लाह तआ़ला का इर्‌शाद हैः

﴿إِنَّمَا ٱلۡمُؤۡمِنُونَ إِخۡوَةٞ فَأَصۡلِحُواْ بَيۡنَ أَخَوَيۡكُمۡۚ وَٱتَّقُواْ ٱللَّهَ لَعَلَّكُمۡ تُرۡحَمُونَ﴾ [الحجرات: ١٠]

"सारे मुसलमान भाई भाई हैं, पस अपने दो भाईओं में मिलाप करा दिया करो।" (अल्‌हुजुरातः १०)

नाता तोड़ने की मज़म्मत (संबंध विच्छेद की निंदा)

इस्लाम की ख़ूबियों में से यह भी है कि वह दूसरे का बाईकाट करने, उससे मुँह फेरने, कीना कपट और हसद करने से रोकता है। रसूलुल्लाह ﷺ का इर्शाद है:

«لَا تَقَاطَعُوا، وَلَا تَدَابَرُوا، وَلَا تَبَاغَضُوا، وَلَا تَحَاسَدُوا». [بخاري/الأدب ٥٧ (٦٠٦٥)، مسلم/البر والصلة ٧ (٢٥٥٩)]

«आपस में नाता न तोड़ो, एक दूसरे से मुँह न फेरो, आपस में दुश्मनी व बुग्ज़ न रखो और एक दूसरे से हसद न करो।» (बुख़ारी: अलूअदब ५७, हदीस नम्बर: ६०६५, मुस्लिम: अलूबिर्र वस्सिला ७, हदीस नम्बर: २५५९)

मज़ाक़ उड़ाने की मुमानअ़त (मनाही)

इस्लाम की ख़ूबियों में से यह भी है कि वह लोगों का मज़ाक़ उड़ाने और उनके एबों को ज़िक्र करने से मना करता है। अल्लाह तआ़ला का फ़र्मान है:

﴿يَٰٓأَيُّهَا ٱلَّذِينَ ءَامَنُوا۟ لَا يَسْخَرْ قَوْمٌ مِّن قَوْمٍ﴾ [الحجرات: ١١]

"ऐ ईमान वालो! मर्द दूसरे मर्दों का मज़ाक़ न उड़ायें।" (अलूहुजुरात: ११)

और इस्लाम की ख़ूबियों में से यह भी है कि वह इस बात से रोकता है कि कोई अपने भाई के लेन देन पर अपना लेन देन करे, और अपने भाई के निकाह के पैग़ाम पर अपना पैग़ाम भेजे, यह उसी सूरत में जायज़ है जब इसकी इजाज़त दी जाए, या मामला को ख़त्म कर दिया जाए, वर्ना उससे दुश्मनी तथा जुदाई पैदा होगी।

सलाम करने का हुक्म

इस्लाम की ख़ूबियों में से यह भी है कि उसने यह मशरूअ़ (शरीअ़त सम्मत) किया है कि एक मुसलमान दूसरे मुसलमान को सलाम करे, चाहे उसको पहचानता हो या न पहचानता हो। और उसने हुक्म दिया है कि सलाम का जवाब उससे बेहतर दिया जाए या उन्ही अल्फ़ाज़ (शब्दों) में लौटाया जाए। अल्लाह तआ़ला का इर्शाद है:

﴿وَإِذَا حُيِّيتُم بِتَحِيَّةٍ فَحَيُّوا۟ بِأَحْسَنَ مِنْهَآ أَوْ رُدُّوهَآ﴾ [النساء: ٨٦]

"और जब तुम्हें सलाम किया जाए तो तुम उससे अच्छा जवाब दो या उन्ही अल्फ़ाज़ (शब्दों) को लौटा दो।" (अन्निसाः ८६)

❁ अफ़्वाह की तह्क़ीक़ (लोकोक्ति की जाँच) का हुक्म

इस्लाम की ख़ूबियों में से यह भी है कि उसने हुक्म दिया कि सुनी हुई बात की तह्क़ीक़ करें। अल्लाह तआला का इर्शाद हैः

﴿يَـٰٓأَيُّهَا ٱلَّذِينَ ءَامَنُوٓا۟ إِن جَآءَكُمْ فَاسِقٌۢ بِنَبَإٍ فَتَبَيَّنُوٓا۟ أَن تُصِيبُوا۟ قَوْمًۢا بِجَهَـٰلَةٍ فَتُصْبِحُوا۟ عَلَىٰ مَا فَعَلْتُمْ نَـٰدِمِينَ﴾ [الحجرات: ٦]

"ऐ ईमान वालो! अगर तुम्हें कोई फ़ासिक़ (पापाचार) ख़बर दे तो तुम उसकी अच्छी तरह तह्क़ीक़ कर लिया करो, ऐसा न हो कि नादानी (अज्ञता) में किसी क़ौम को तक्लीफ़ पहूँचा दो, फिर अपने किये पर शर्मिंदगी (पछतावा) उठाओ।" (अल्हुजुरातः ६)

और फ़रमायाः

﴿وَلَا تَقْفُ مَا لَيْسَ لَكَ بِهِۦ عِلْمٌ﴾ [الإسراء: ٣٦]

"जिस बात की तुम्हें ख़बर न हो उसके पीछे मत पड़ो।" (अल्इस्राः ३६)

खड़े पानी में पेशाब करने और मुमिन को तक्लीफ़ पहुँचाने की मुमानअ़त (मनाही)

इस्लाम की ख़ूबियों में से यह भी है कि उसने खड़े पानी में पेशाब करने से मना किया, और यह इस लिए कि अल्लाह के हुक्म से बीमारियों और गंदगियों से बचा जाए, और सेहत (स्वास्थ्य) का इह्तिमाम (यत्न) किया जाए।

❁ और इस्लाम की ख़ूबियों में से यह भी है कि उसने ईमान वालों को नुक़्सान और तक्लीफ़ पहूँचाने से मना किया है। अल्लाह का इर्शाद हैः

﴿وَٱلَّذِينَ يُؤْذُونَ ٱلْمُؤْمِنِينَ وَٱلْمُؤْمِنَـٰتِ بِغَيْرِ مَا ٱكْتَسَبُوا۟ فَقَدِ ٱحْتَمَلُوا۟ بُهْتَـٰنًا وَإِثْمًا مُّبِينًا﴾ [الأحزاب: ٥٨]

“और जो लोग मुमिन मर्दों और औ़रतों को तक्लीफ़ पहूँचायें बग़ैर किसी जुर्म (अपराध) के जो उनसे सरज़द (घटित) हुआ हो, वह (बड़ी ही) बुहतान (अपवाद) और सरीह (स्पष्ट) गुनाह का बोझ उठाते हैं।” (अल्अह्ज़ाबः ५८)

और रसूलुल्लाह ﷺ ने फ़रमायाः

«مَنْ أَكَلَ مِنْ هَـذِهِ الْبَقْلَةِ الثُّومِ» وَقَالَ مَرَّةً: «مَنْ أَكَلَ الْبَصَلَ وَالثُّومَ وَالْكُرَّاثَ، فَلَا يَقْرَبَنَّ مَسْجِدَنَا، فَإِنَّ الْمَلَائِكَةَ تَتَأَذَّى مِمَّا يَتَأَذَّى مِنْهُ بَنُو آدَمَ». [مسلم/الصلاة ١٧ (٥٦٤)]

«जो व्यक्ति इस सब्ज़ी यानी लह्सुन को खाए, (और कभी यूँ फ़रमायाः) जो व्यक्ति प्याज़, लह्सुन और गंदना खाए, वह हमारी मस्जिद के क़रीब न आए, क्योंकि फ़रिश्ते उस चीज़ से तक्लीफ़ मह्सूस करते हैं जिनसे आदम संतान तकलीफ़ मह्सूस करते हैं।» (मुस्लिमः अस्सलात १७, हदीस नम्बरः ५६४)

दायें हाथ से खाने पीने का हुक्म

इस्लाम की ख़ूबियों में से यह भी है कि उसने बायें हाथ से खाने और पीने से मना किया है, इस लिए कि बायाँ हाथ गंदगी दूर करने के लिए है, और इस लिए भी कि शैतान बायें हाथ से खाता है। जैसाकि नबी अक्रम ﷺ ने फ़रमायाः

«إِذَا أَكَلَ أَحَدُكُمْ ؛ فَلْيَأْكُلْ بِيَمِينِهِ، وَإِذَا شَرِبَ فَلْيَشْرَبْ بِيَمِينِهِ، فَإِنَّ الشَّيْطَانَ يَأْكُلُ بِشِمَالِهِ، وَيَشْرَبُ بِشِمَالِهِ». [مسلم/الأشربة ١٣ (٢٠٢٠)]

«तुम में से कोई जब खाए तो दायें हाथ से खाए और पिए तो दायें हाथ से पिए, इस लिए के शैतान बायें हाथ से खाता है और बायें हाथ से पीता है।» (मुस्लिमः अल्अश्रिबा १३, हदीस नम्बरः २०२०)

जनाज़ा के पीछे जाने और छींकने वाले का जवाब देने का हुक्म

इस्लाम की ख़ूबियों में से यह भी है कि उसने जनाज़ा के पीछे जाने का हुक्म दिया, इस लिए कि इसमें मुर्दा के लिए दुआ है, उस पर रह्मत व प्यार का

इज़्हार (प्रकटन) है, जनाज़ा की नमाज़ की अदाएगी है और उसके मुमिन घरानों की तसल्ली (सांत्वना) है।

इस्लाम की ख़ूबियों में से यह भी है कि उसने छींकने वाले का जवाब देने और क़सम (शपथ) पूरी करने की तालीम (शिक्षा) दी है, इस लिए कि उसमें मुहब्बत और भाईचारगी (भ्रातृत्व) है, और अपने भाई को रह्मत की दुआ़ देनी है। और क़सम पूरी करके अपने दिल को चैन दिलाना और फ़र्माइश (मांग) का पूरा करना है, इस शर्त पर कि उसमें शरीअ़त के ख़िलाफ़ कोई बात न हो।

दावत (निमंत्रण) क़बूल करने की अह्मियत

इस्लाम की ख़ूबियों में से यह भी है कि मुसलमान की दावत को क़बूल किया जाए, और ख़ास कर शादी की दावत, जब उसमें शरीअ़त के ख़िलाफ़ कोई काम न हो, और उसमें मुरुव्वत व इंसानियत (मानवता) के ख़िलाफ़ काम न हो, जैसाकि आज कल कुछ लोग खेल तमाशा और मुन्करात (शरीअ़त के ख़िलाफ़ काम) के वक़्त करते हैं, क्योंकि ऐसी मज्लिसों में हाज़री फ़ासिक़ों और फ़ाजिरों (बैठकों में उपस्थिति पापाचारों) की हिम्मत अफ़्ज़ाई (उत्साह प्रदान) करना है, और गुनाहों को रिवाज देने में उनकी मदद करनी है, और बुरी बातों की तरफ़ से लापरवाही का इज़्हार (प्रकटन) है। हाँ अगर मुन्कर से रोकना मक़्सूद (उद्देश्य) हो तो ऐसी मह्फ़िलों में हाज़िर होना ऐब की बात नहीं।

इस्लाम की ख़ूबियों में से यह भी है कि उसने मुसलमान पर दूसरे मुसलमान को ख़ौफ़ज़दा (आतंकित) करना हराम किया है, चाहे भयानक ख़ब्रों के ज़रीया हो या हथियार दिखा कर।

और इस्लाम की ख़ूबियों में से यह भी है कि उसने मर्दों को औ़रतों की और औ़रतों को मर्दों की मुशाबहत (अनुरूपता) अख़्तियार करने से मना किया है, इस लिए कि इसमें औ़रतों के साथ लिबास, चाल ढाल और बात चीत में मुशाबहत अख़्तियार करके मुख़न्नस (हिजड़ा) बन जाने की बुराई है, जैसाकि आज कल हिप्पियों और दाढ़ी मुँडों और मग़रूरीन (घमंडीयों) में पाई जाती है।

शक (संदेह) की जग्हों से दूर रहने का हुक्म

इस्लाम की ख़ूबियों में यह भी है कि उसने तुह्मत (आरोप) और शक की जग्हों से बचने का हुक्म दिया है, ताकि लोगों की जुबान और बद गुमानी (कुधारना) से आदमी मह्फ़ूज़ रह सके। हदीस में आया है:

عَنْ صَفِيَّةَ بِنْتِ حُيَيٍّ قَالَتْ: كَانَ النَّبِيُّ ﷺ مُعْتَكِفًا، فَأَتَيْتُهُ أَزُورُهُ لَيْلًا، فَحَدَّثْتُهُ، ثُمَّ قُمْتُ لِأَنْقَلِبَ، فَقَامَ مَعِي لِيَقْلِبَنِي وَكَانَ مَسْكَنُهَا فِي دَارِ أُسَامَةَ بْنِ زَيْدٍ، فَمَرَّ رَجُلَانِ مِنَ الأَنْصَارِ، فَلَمَّا رَأَيَا النَّبِيَّ ﷺ أَسْرَعَا، فَقَالَ النَّبِيُّ ﷺ: «**عَلَى رِسْلِكُمَا، إِنَّهَا صَفِيَّةُ بِنْتُ حُيَيٍّ**»، فَقَالَا: سُبْحَانَ اللهِ يَا رَسُولَ اللهِ! قَالَ: «**إِنَّ الشَّيْطَانَ يَجْرِي مِنَ الْإِنْسَانِ مَجْرَى الدَّمِ، وَإِنِّي خَشِيتُ أَنْ يَقْذِفَ فِي قُلُوبِكُمَا شَرًّا**» أَوْ قَالَ: «**شَيْئًا**». [مسلم/السلام ٩ (٢١٧٥)]

सफ़िया बिन्ते हुयय रज़ियल्लाहु अन्हा कहती हैं: नबी अक्रम ﷺ इतिकाफ़ में थे, एक रात मैं आपसे मिलने आई, मैंने आपसे बात चीत की, फिर वापस लौटने के लिए उठी तो मेरे साथ आप भी मुझे पहूँचाने को खड़े हुए, मेरी रिहायश (आवास) उस समय उसामा बिन ज़ैद के मकान में थी, रास्ते में मुझे दो अंसारी मिले, उन्होंने नबी अक्रम ﷺ को देखा तो ज़रा तेज़ चलने लगे, नबी अक्रम ﷺ ने फ़रमाया: «आहिस्ता आहिस्ता चलो, यह सफ़िया बिन्ते हुयय हैं।» उन्होंने कहा: सुब्हानल्लाह! ऐ अल्लाह के रसूल! आप ﷺ ने फ़रमाया: «शैतान इंसान के अंदर ख़ून की तरह दौड़ता है, मुझे डर हुआ कि कहीं वह तुम्हारे दिलों में कोई बुरी बात (या बुरी चीज़) न डाल दे।» (मुस्लिम: अस्सलाम ९, हदीस नम्बर: २१७५)

ग़ौर कीजिए कि रसूलुल्लाह ﷺ लोगों में सबसे बुज़ुर्ग व पाकीज़ा (निर्मल) थे, फिर भी आप ﷺ ने तुह्मत व शक को अपनी तरफ़ से दूर किया।

उमर ﷛ का फ़र्मान है कि जो शख़्स खुद को तुह्मत की जगह रखेगा, अगर उसके साथ कोई बद गुमानी करे तो ख़ुद अपने ही को मलामत करे। उमर ﷛ एक श़ख़्स के पास से गुज़रे जो रास्ता में अपनी बीवी से बात कर रहा था, तो उस पर चढ़ दौड़े, और उसे दुर्रा (कोड़ा) से पीटा। उस आदमी ने कहा:

अमीरुल मुमिनीन! यह तो मेरी बीवी है। तो आपने फ़रमायाः तुमने उससे ऐसी जगह क्यों नहीं बात की जहाँ तुम्हें कोई न देखता।

इस्लाम की ख़ूबी यह है कि उसने तुहूमत और शक की जगहों से मुसलमानों को दूर रखा है। अतः यह कैसे जायज़ होगा कि औरत तनूहा दर्ज़ी के पास जा कर अपने जिस्म की पैमाइश (नाप) कराए, या फ़ोटो ग्राफ़र के पास जा कर तनूहा फ़ोटो खिंचवाए, या ग़ैर महूरम (महूरम पति तथा वह व्यक्ति है जिससे उसकी शादी हराम है जैसे बाप, बेटा, भाई, चचा, मामू वग़ैरा) के साथ सवार हो, या एक मुसलमान औरत महूरम के बग़ैर ग़ैर इस्लामी मुल्कों का सफ़र करे, या डाक्टरी चेक की गर्ज़ (उद्देश्य) से तनूहा डाक्टर के पास जाए, जैसाकि मौजूदा दौर (वर्तमान काल) में इस क़िस्म के फ़ित्ने बहुत आ़म हो गए हैं, और अम्र व नह्य (आदेश निषेध) का निज़ाम ढीला पड़ चुका है, और बुराई करने वाले तथा फ़साद फैलाने वाले -जिनकी ताक़त बहुत बढ़ चुकी है- की सज़ा भी ख़त्म हो चुकी है, और भलाई तथा कल्याण चाहने वालों के ख़िलाफ़ आपस में जुदाई पसंदी, पस्पाई (हराने) और धोखे बाज़ियों में मदद करते हैं, बस अल्लाह ही हमारा सहायी व मददगार है।

ऐ अल्लाह! हमारी निगाहों और कानों में बरूकत दे, हमारे दिलों को मुनव्वर (प्रकाशित) फ़रमा, हमारी इस्लाह (संशोधन) फ़रमा, और हमारे दिलों को जोड़ दे, और हमें सलामती का रास्ता दिखा, और अंधेरों से बचा कर नूर की राह पर चला, और ज़ाहिरी व बातिनी (प्रकाश्य व अप्रकाश्य) बेहयाइयों से हमारी हिफ़ाज़त फ़रमा दे।

ऐ दया करने वालों में सबसे ज़्यादा दया करने वाला! अपनी ख़ास रहमत से हमें और हमारे वालिदैन (माता पिता) और तमाम मुसलमानों को बख़्श दे।

अल्लाह तआ़ला मुहम्मद, उनके आल व औलाद तथा उनके सहाबियों पर दुरूद व सलाम नाज़िल करे।

जा़लिम से बचने का हुक्म

इस्लाम की ख़ूबियों में से यह है कि उसकी तालीम (शिक्षा) यह है कि इंसान जब किसी बदकार (दुराचारी), पापी या मुजरिम (अपराधी) की ओर से आज़्माइश (परीक्षा) में मुब्तला हो जाए (फँस जाए) तो उसको चाहिए कि जहाँ तक हो सके उससे बचे, और उसकी बुराई से दूर रहे, और उसके साथ रवादारी बऱ्ते (न्याय संगत आचरण करे) और उससे बचे।

अबु दऱ्दा ﷺ फ़रमाते हैंः हम लोगों के सामने ख़ुश तबई (सुशीलता) का इज़्हार (व्यक्त) करते हैं, जबकि हमारे दिल उनको लानत (शाप) करते रहते हैं, मत्लब इसका यह है कि जिन बदकारों (दुराचारियों) को रोकने और टोकने की ताक़त न हो उनके साथ रवादारी ही करनी चाहिए, अर्थात उनके बुराई और तक्लीफ़ पहूँचाने तथा जुर्म साज़ी (आपराधिक गतिविधियों) के डर की वजह से तो उनसे रवादारी बऱ्तो, लेकिन दिल से उनकी मुख़ालफ़त (विरोधिता) करो।

और इस्लाम की ख़ूबियों में से यह भी है कि आपस में एक दूसरे को सुधार का हुक्म दिया जाए, और कुरआन व हदीस से इसकी दलीलें बहुत हैं।

सतर पोशी (ऐब छिपाने) का हुक्म

इस्लाम की ख़ूबियों में से यह भी है कि मुसलमानों की भेद और उनके दोषों तथा ऐबों को छिपाने का हुक्म दिया जाए। रसूलुल्लाह ﷺ का इऱ्शाद हैः

«وَمَنْ سَتَرَ مُسْلِمًا سَتَرَهُ اللهُ يَوْمَ الْقِيَامَةِ». [بخاري/مظالم ٣ (٢٤٤٢)]

«और जो शख़्स किसी मुसलमान के ऐब को छिपायेगा अल्लाह तआ़ला क़ियामत के दिन उसके ऐब छिपायेगा।» (बुख़ारीः मज़ालिम ३, हदीस नम्बरः २४४२) और आप ﷺ का इऱ्शाद हैः

«يَا مَعْشَرَ مَنْ آمَنَ بِلِسَانِهِ، وَلَمْ يَدْخُلِ الْإِيمَانُ فِي قَلْبِهِ! لَا تَغْتَابُوا الْمُسْلِمِينَ، وَلَا تَتَّبِعُوا عَوْرَاتِهِمْ». [مسند أحمد/٤ (٤٢١) (صحيح لغيره)]

«ऐ वह लोगो जो सिर्फ़ जुबान से ईमान लाए हो, और उनके दिल तक ईमान

नहीं पहुँचा है! मुसलमानों की ग़ीबत मत करो और उनके ऐब मत तलाश करो।» (मुस्नद अह्मदः ४/४२१) (सहीह लिग़ैरिह)

मुसलमानों को खुश करने का हुक्म

इस्लाम की ख़ूबियों में से यह भी है कि मुसलमान के दिल में आनंद तथा खुशी पैदा की जाए और मुहताज (ज़रूरतमंद) की मदद की जाए। रसूलुल्लाह ﷺ ने फ़रमायाः

«لا يُؤْمِنُ أَحَدُكُمْ حَتَّى يُحِبَّ لأَخِيهِ مَا يُحِبُّ لِنَفْسِهِ». [بخاري/الإيمان ٧ (١٣)]

«वह शख़्स मुमिन नहीं जब तक कि वह अपने भाई के लिए भी वही न पसंद करे जो अपने लिए पसंद करता है।» (बुख़ारीः अलूईमान ७, हदीस नम्बरः १३)

और फ़रमायाः

«مَنْ كَانَ فِي حَاجَةِ أَخِيهِ فَإِنَّ اللهَ فِي حَاجَتِهِ». [بخاري/المظالم ٣ (٢٤٤٢)، مسلم/البر والصلة ١٥ (٢٥٨٠)]

«जो शख़्स अपने भाई की कोई हाजत (प्रयोजन) पूरी करने में लगा रहता है, अल्लाह तआ़ला उसकी हाजत पूरी करने में लगा रहता है।» (बुख़ारीः अलूमज़ालिम ३, हदीस नम्बरः २४४२, मुस्लिमः अलूबिर्र वस्सिला १५, हदीस नम्बरः २५८०)

और इस्लाम की ख़ूबियों में से मुसलमान और ख़ास तौर पर बूढ़े मुसलमान की इज़्ज़त और बच्चों के साथ प्यार करना भी है। रसूलुल्लाह ﷺ ने फ़रमायाः

«لَيْسَ مِنَّا مَنْ لَمْ يَرْحَمْ صَغِيرَنَا، وَيُوَقِّرْ كَبِيرَنَا». [ترمذي/البر والصلة ١٥ (١٩١٩) (صحيح)]

«वह शख़्स हम में से नहीं है जो हमारे छोटों पर रहम न करे, और हमारे बड़ों की इज़्ज़त न करे।» (तिरमिज़ीः अलूबिर्र वस्सिला १५, हदीस नम्बरः १९१९) (सहीह)

और फ़रमायाः

«إِنَّ مِنْ إِجْلَالِ اللهِ إِكْرَامَ ذِي الشَّيْبَةِ الْمُسْلِمِ». [أبو داود/الأدب ٢٣ (٤٨٤٣) (حسن)]

«अल्लाह को बड़ा मानने में बूढ़े मुसलमान की इज़्ज़त करना भी शामिल है।» (अबू दाऊदः अलूअदब २३, हदीस नम्बरः ४८४३) (हसन)

कानाफूसी, फालतू बात तथा बद जुबानी से बचना

इस्लाम की ख़ूबियों में बेहयाई और बद जुबानी से मना करना भी है। रसूलुल्लाह ﷺ ने फरमायाः

«لَيْسَ الْمُؤْمِنُ بِالطَّعَّانِ، وَلَا اللَّعَّانِ، وَلَا الْفَاحِشِ، وَلَا الْبَذِيءِ». [ترمذي/البر والصلة ٤٨ (١٩٧٧) (صحيح)]

«मुमिन ताना देने वाला, लानत (शाप) करने वाला, बेहया और बद जुबान नहीं होता है।» (तिर्मिज़ीः अल्बिर्र वस्सिला ४८, हदीस नम्बरः १६७७) (सहीह)

❁ और इस्लाम की ख़ूबियों में यह भी है कि उसने तीसरे की मौजूदगी (उपस्थिति) में दो आदमियों को आपस में चुपके चुपके बात करने से मना किया है, क्योंकि तीसरे आदमी को उससे तक्लीफ़ होगी, वह यही समझेगा कि यह दोनों उसी के बारे में बात कर रहे हैं। इस लिए यह अदब के ख़िलाफ़ है। इसी तरह यह भी अदब के ख़िलाफ़ है कि किसी के सामने ऐसी जुबान में बात की जाए जिसे वह न जानता हो। रसूलुल्लाह ﷺ का इर्शाद हैः

«لَا يَنْتَجِي اثْنَانِ دُونَ الثَّالِثِ؛ فَإِنَّ ذَلِكَ يُحْزِنُهُ». [بخاري/الاستئذان ٤٥ (٦٢٨٨)، مسلم/السلام ١٥ (٢١٨٤)]

«दो आदमी तीसरे को छोड़ कर कानाफूसी न करें, क्योंकि यह चीज़ उसे रंजीदा (दुःखित) कर देगी।» (बुख़ारीः अल्इस्तीज़ान ४५, हदीस नम्बरः ६२८८, मुस्लिमः अस्सलाम १५, हदीस नम्बरः २१८४)

❁ और इस्लाम की ख़ूबियों में यह भी है कि आदमी बेकार और बेज़रूरत बातों में दख़ल न दे, और यह बात रसूलुल्लाह ﷺ की जामेअ़ (व्यापक) बातों में शामिल है जैसाकि हदीस में हैः

«مِنْ حُسْنِ إِسْلَامِ الْمَرْءِ تَرْكُهُ مَا لَا يَعْنِيهِ». [ترمذي/الزهد ١١ (٢٣١٧)، ابن ماجه/الفتن ١٢ (٣٩٧٦) (صحيح)]

«किसी शख़्स के इस्लाम की ख़ूबी यह है कि वह बेकार और फालतू बातों को

छोड़ दे।» (तिर्मिज़ीः अज़्ज़ुहूद ११, हदीस नम्बरः २३१७, इब्नु माजाः अल्फ़ितन १२, हदीस नम्बरः ३९७६) (सहीह)

इस हदीस के मतलब को बाज़ लोगों ने इन लफ़्ज़ों (शब्दों) में ताबीर कीः 'अपने ज़ाती काम ही के खोज में रहो।'

अगर मुसलमान अपने पैग़म्बर की बातों तथा नसीहतों को अपनाते तो ख़ुद भी आराम पाते और दूसरों को भी आराम पहूँचाते। अगर तुम अक्सर (अधिकांश) झमेलों, झगड़ों, इख़्तिलाफ़ात व लड़ाइयों की टोह (खोज) लगाओगे तो तुम्हें उन सब का एक सबब मालूम होगा, और वह है बेकार कामों में दख़ल देना।

बीच रास्ते में बैठने की मुमानअ़त (मनाही)

इस्लाम की ख़ूबियों में यह भी है कि उसने रास्तों में बैठने से मना किया है, क्योंकि इससे नामुनासिब (अनुचित) बातों का सामना करना होता है, और बैठने वालों पर जो बातें आइद (अर्पित) होती हैं वह बसा औक़ात (बहुधा) उन्हें पूरे नहीं कर पाते, जैसेः अच्छी बात का हुक्म देना और बुरी बात से रोकना, और मज़्लूम (अत्याचारित व्यक्ति) की मदद करना, और ज़ालिम (अत्याचारी) को ज़ुल्म से रोकना, और ज़ुल्म से रोकना यह उसकी मदद करना है, और मुसलमान की मदद करना, और निगाह नीची रखना, और सलाम का जवाब देना और तक्लीफ़ देह (कष्टदायक) चीज़ को दूर करना।

अल्लाह के नाम पर पनाह (आश्रय) देने का हुक्म

इस्लाम धर्म की ख़ूबियों में से यह भी है कि जो व्यक्ति हमसे अल्लाह के नाम पर पनाह माँगे उसे हम पनाह दें, और जो व्यक्ति अल्लाह के नाम पर सवाल करे हम उसको दें, और जो शख़्स हमारे साथ भलाई करे, हो सके तो हम उसको अच्छा बदला पेश करें, अगर बदला न दे सकें तो उसके लिए अल्लाह से बेहतरीन बदला की दुआ करें, क्योंकि उसने हमारे साथ नेकी की है। जैसाकि हदीस में आया है, अ़ब्दुल्लाह बिन उमर रज़ियल्लाहु अ़न्हुमा कहते हैं कि रसूलुल्लाह ﷺ ने फ़रमायाः

«مَنِ اسْتَعَاذَكُمْ بِاللهِ فَأَعِيذُوهُ». [أبو داود / الأدب ١١٧ (٥١٠٩) (صحيح)]

«जो शख़्स तुमसे अल्लाह के वास्ते से पनाह तलब करे तो उसे पनाह दो।»

(अबू दाऊदः अल्अदब ११७, हदीस नम्बरः ५१०६) (सहीह)

मुहम्मद और उनके आल् व औलाद पर दुरूद व सलाम नाज़िल हो।

नसीहत, इज़्ज़त की हिफ़ाज़त, मियानारवी (मध्यवर्तिता) व सब्र का हुक्म

इस्लाम धर्म की ख़ूबियों में यह भी है कि तुम अपने आत्मा के साथ न्याय करो, और दूसरों के लिए भी वही पसंद करो जो तुम अपने लिए पसंद करते हो, और अपने आपको मुसलमान भाईओं ही की तरह समझो, और उनके साथ ऐसा मामला करो जैसाकि तुम अपने लिए पसंद करो, और उनके हुक़ूक़ (प्राप्यों) को पूरी तरह अदा करो। बुख़ारी में तअ़्लीक़न यह हदीस मौजूद है:

وَقَالَ عَمَّارٌ: ثَلَاثٌ مَنْ جَمَعَهُنَّ فَقَدْ جَمَعَ الْإِيمَانَ: الْإِنْصَافُ مِنْ نَفْسِكَ، وَبَذْلُ السَّلَامِ لِلْعَالَمِ، وَالْإِنْفَاقُ مِنَ الْإِقْتَارِ. [بخاري / الإيمان ٢٠ تعليقا]

अ़म्मार ﷺ ने कहा: जिसने तीन चीज़ों को जमा कर लिया उसने सारा ईमान हासिल कर लिया। अपने नफ़्स से इंसाफ़ करना, सलाम को दुनिया में फैलाना, और तंगदस्ती (अर्थकष्ट) के बावजूद अल्लाह की राह में ख़र्च करना। (बुख़ारी: अलूईमान २० तअ़्लीक़न)

﴿وَيُؤْثِرُونَ عَلَىٰٓ أَنفُسِهِمْ وَلَوْ كَانَ بِهِمْ خَصَاصَةٌ﴾ [الحشر: ٩]

"दूसरों की ज़रूरतों को अपनी ज़रूरतों पर मुक़द्दम समझते (अग्राधिकार देते) हैं, गो ख़ुद को कितनी ही सख़्त हाजत हो।" (अलूहश्र: ९)

और आप ﷺ ने फ़रमाया:

«طَعَامُ الاثْنَيْنِ كَافِي الثَّلَاثَةِ». [بخاري / الأطعمة ١١ (٥٣٩٢)، مسلم / الأشربة ٣٣ (٢٠٥٨)]

«दो आदमियों का खाना तीन आदमियों के लिए काफ़ी है।» (बुख़ारी: अलूअत्ऱइमा ११, हदीस नम्बर: ५३९२, मुस्लिम: अलूअश्ऱिबा ३३, हदीस नम्बर: २०५८)

एक दूसरी हदीस में आप ﷺ ने फ़रमाया:

«مَنْ كَانَ مَعَهُ فَضْلُ ظَهْرٍ؛ فَلْيَعُدْ بِهِ عَلَى مَنْ لا ظَهْرَ لَهُ، وَمَنْ كَانَ لَهُ فَضْلٌ مِنْ زَادٍ، فَلْيَعُدْ بِهِ عَلَى مَنْ لا زَادَ لَهُ». [مسلم / الجهاد ٤ (١٧٢٨)]

«जिसके पास ज़ाइद (प्रयोजनाधिक) सवारी हो वह उसे दे दे जिसके पास सवारी न हो, और जिसके पास ज़ाइद तोशा (खाना) हो वह उसे दे दे जिसके पास तोशा न हो।» (मुस्लिमः अलूजिहाद ४, हदीस नम्बरः १७२८)

और आप ﷺ ने इस बारे में माल की मुख़्तलिफ़ क़िस्मों (विभिन्न प्रकारों) का ज़िक्र फ़रमाया, अबू सईद ﷺ कहते हैं कि आपकी इन बातों से हमने यहाँ तक समझ लिया कि फ़ाज़िल और ज़ाइद (प्रयोजनाधिक) चीज़ों पर किसी के मालिक होने का अधिकार नहीं।

✿ इस्लाम की ख़ूबियों तथा उसके बुलंद अख़्लाक़ में से यह भी है कि आदमी अपने मुसलमान भाई की इज़्ज़त और उसके जान व माल की ज़ुल्म व ज़्यादती से जहाँ तक हो सके हिफ़ाज़त करे, और उससे इस ज़ुल्म व ज़्यादती को दूर करने के लिए हर मुमकिन कोशिश करे, और पूरी ताक़त से उसकी दिफ़ाअ़ (प्रतिरोध) करे।

अबु दर्दा ﷺ से रिवायत है कि रसूलुल्लाह ﷺ के पास जब एक आदमी ने किसी हतक आमेज़ (अपमान जनक) तरीक़ा का ज़िक्र किया तो एक दूसरे शख़्स ने उसका दिफ़ाअ़ (प्रतिरोध) किया, उस वक़्त रसूलुल्लाह ﷺ ने इर्शाद फ़रमाया:

«مَنْ رَدَّ عَنْ عِرْضِ أَخِيهِ، رَدَّ اللهُ عَنْ وَجْهِهِ النَّارَ يَوْمَ الْقِيَامَةِ». [ترمذي / البر والصلة ٢٠ (١٩٣١)، مسند أحمد: ٦/٤٥٠،٤٤٩) (صحيح)]

«जो शख़्स अपने भाई की इज़्ज़त (उसकी ग़ैर मौजूदगी तथा अनुपस्थिति में) बचाए, अल्लाह तआ़ला क़ियामत के दिन उसके चेहरे को जहन्नम से बचाएगा।» (तिर्मिज़ीः अलूबिर्र वस्सिला २०, हदीस नम्बरः १९३१, मुस्नद अहूमदः ६/४४६, ४५०) (सहीह)

✿ और इस्लाम की ख़ूबियों में से कंजूसी और फुज़ूल ख़र्ची (अपव्यय) के

दरमियान राहे एतेदाल (दरमियानी रास्ता) अख़्तियार करने का हुक्म तथा सलाह-मश्वरा भी है। अल्लाह तआला का फ़रमान है:

﴿وَلَا تَجْعَلْ يَدَكَ مَغْلُولَةً إِلَىٰ عُنُقِكَ وَلَا تَبْسُطْهَا كُلَّ الْبَسْطِ فَتَقْعُدَ مَلُومًا مَّحْسُورًا﴾ [الإسراء: ٢٩]

"और न तो अपना हाथ गर्दन से बाँध रखो, और न ही उसे बिल्कुल खुला छोड़ दो कि मलामत ज़दा (तिरस्कृत) और आजिज़ (अक्षम) बन कर रह जाओ।" (अल्‌इस्‌रा: २६)

﴿وَالَّذِينَ إِذَا أَنفَقُوا لَمْ يُسْرِفُوا وَلَمْ يَقْتُرُوا وَكَانَ بَيْنَ ذَٰلِكَ قَوَامًا﴾ [الفرقان: ٦٧]

"और जो ख़र्च करते हैं तो न फुजूल ख़र्ची (अपव्यय) करते हैं न कंजूसी, बल्कि उनका ख़र्च दोनों के दरमियान एतेदाल (मध्यम) पर क़ायम रहता है।" (अल्‌फ़ुरक़ान: ६७)

❁ और इस्लाम की ख़ूबियों में से सब्र की तीनों क़िस्मों की तल्क़ीन (उपदेश) भी है यानी अल्लाह की इताअ़त व फ़रमा बरदारी पर सब्र, और उसकी नाफ़रमानी से दूर रहने पर सब्र, और ग़म पहूँचाने वाली तक़्दीर पर सब्र करना।

यतीम व मिस्कीन का ख़्याल

इस्लाम की ख़ूबियों में से कमज़ोरों पर दया करना, और फ़क़ीरों पर मेहरबानी करना, और यतीमों के साथ रहम दिली, और नौकरों, गुलामों और लौंडियों के साथ अच्छा बरताव करना, उनकी तक्लीफ़ को दूर करना, उनके साथ अच्छा मामला करना, नम्रता व नरमी करना तथा उनके साथ नरम ख़ूई (कोमलता) करना। अल्लाह तआला ने रसूल ﷺ को इरशाद फ़रमाया:

﴿وَاخْفِضْ جَنَاحَكَ لِمَنِ اتَّبَعَكَ مِنَ الْمُؤْمِنِينَ﴾ [الشعراء: ٢١٥]

"और उसके साथ फ़रोतनी (विनम्रता) से पेश आओ जो भी ईमान लाने वाला हो कर आपकी ताबेदारी करे।" (अश्शुअ़रा: २१५)

और इरशाद फ़रमाया:

﴿وَاصْبِرْ نَفْسَكَ مَعَ الَّذِينَ يَدْعُونَ رَبَّهُم بِالْغَدَاةِ وَالْعَشِيِّ يُرِيدُونَ وَجْهَهُ﴾ [الكهف: ٢٨]

"और अपने आपको उन्हीं के साथ रखा करो जो अपने रब को सुबह व शाम पुकारते हैं, और उसी के चेहरे के इरादे रखते हैं (रिज़ामंदी चाहते हैं)।" (अल्कह्फ़: २८)

और इर्शाद फ़रमाया:

﴿فَأَمَّا ٱلۡيَتِيمَ فَلَا تَقۡهَرۡ ۝٩ وَأَمَّا ٱلسَّآئِلَ فَلَا تَنۡهَرۡ﴾ [الضحى: ٩-١٠]

"पस यतीम पर तुम भी सख़्ती न किया करो, और न सवाल करने वालों पर डाँट डपट।" (अज़्ज़ुहा: ९-१०)

और फ़रमाया:

﴿أَرَءَيۡتَ ٱلَّذِي يُكَذِّبُ بِٱلدِّينِ ۝١ فَذَٰلِكَ ٱلَّذِي يَدُعُّ ٱلۡيَتِيمَ ۝٢ وَلَا يَحُضُّ عَلَىٰ طَعَامِ ٱلۡمِسۡكِينِ﴾ [الماعون: ١-٣]

"क्या आपने (उसे भी) देखा जो बदले के दिन को झुटलाता है, यही वह है जो यतीम को धक्के देता है और मिस्कीन को खिलाने की तर्ग़ीब (उत्साह) नहीं देता।" (अल्माऊन: १-३)

और फ़रमाया:

﴿فَكُّ رَقَبَةٍ ۝١٣ أَوۡ إِطۡعَٰمٞ فِي يَوۡمٖ ذِي مَسۡغَبَةٖ ۝١٤ يَتِيمٗا ذَا مَقۡرَبَةٍ ۝١٥ أَوۡ مِسۡكِينٗا ذَا مَتۡرَبَةٖ﴾

[البلد: ١٣-١٦]

"किसी गर्दन (गुलाम लौंडी) को आज़ाद करना, या भूक वाले दिन खाना खिलाना, किसी रिश्तादार यतीम को या ख़ाकसार मिस्कीन को।" (अल्बलद: १३-१६)

और फ़रमाया:

﴿عَبَسَ وَتَوَلَّىٰٓ ۝١ أَن جَآءَهُ ٱلۡأَعۡمَىٰ ۝٢ وَمَا يُدۡرِيكَ لَعَلَّهُۥ يَزَّكَّىٰٓ﴾ [عبس: ١-٣]

"उसने खट्टा मुँह बनाकर मुँह मोड़ लिया, (सिर्फ़ इस लिए कि) उसके पास एक नाबीना (अंधा) आया, तुम्हें क्या पता शायद वह सुधर जाता।" (अ़बस: १-३)

जानवरों पर रहम तथा दया करने का हुक्म

इस्लाम धर्म की ख़ूबियों में से नरम दिली और मेहरबानी करना है, न कि संग दिली (निष्ठुरता), सख़्ती और तक्लीफ़ पहूँचाना। यहाँ तक कि यही बर्ताव जानवरों के साथ भी करना है। अ़ब्दुल्लाह बिन उमर रज़ियल्लाहु अ़न्हुमा से रिवायत है कि रसूलुल्लाह ﷺ ने फ़रमायाः

«عُذِّبَتْ امْرَأَةٌ فِي هِرَّةٍ سَجَنَتْهَا حَتَّى مَاتَتْ، فَدَخَلَتْ فِيهَا النَّارَ، لَا هِيَ أَطْعَمَتْهَا وَسَقَتْهَا إِذْ حَبَسَتْهَا، وَلَا هِيَ تَرَكَتْهَا تَأْكُلُ مِنْ خَشَاشِ الأَرْضِ». [مسلم / السلام ٤٠ (٢٢٤٢)]

«एक औ़रत को एक बिल्ली के कारण अ़ज़ाब हुआ, इस लिए कि उसने उसे पकड़े रखा, यहाँ तक कि वह मर गई, इसकी वजह से वह जहन्नम में गई, जब उसने उसे क़ैद में रखा तो उसने न खाना खिलाया, न पिलाया, और न ही उसे छोड़ा कि वह ज़मीन के कीड़े मकूड़े खा लेती।» (मुस्लिमः अस्सलाम ४०, हदीस नम्बरः २२४२)

और फ़रमायाः

«بَيْنَمَا رَجُلٌ يَمْشِي بِطَرِيقٍ، فَاشْتَدَّ عَلَيْهِ الْعَطَشُ، فَوَجَدَ بِئْرًا، فَنَزَلَ فِيهَا، فَشَرِبَ، ثُمَّ خَرَجَ فَإِذَا كَلْبٌ يَلْهَثُ يَأْكُلُ الثَّرَى مِنَ الْعَطَشِ، فَقَالَ الرَّجُلُ: لَقَدْ بَلَغَ هَذَا الْكَلْبَ مِنَ الْعَطَشِ مِثْلُ الَّذِي كَانَ بَلَغَنِي، فَنَزَلَ الْبِئْرَ، فَمَلأَ خُفَّهُ؛ فَأَمْسَكَهُ بِفِيهِ حَتَّى رَقِيَ، فَسَقَى الْكَلْبَ، فَشَكَرَ اللهُ لَهُ، فَغَفَرَ لَهُ». [بخاري / الوضوء ٣٣ (١٧٣)، مسلم / السلام ٤١ (٢٢٤٤)]

«एक आदमी किसी रास्ता पे जा रहा था कि इसी दौरान उसे सख़्त प्यास लगी, (रास्ते में) एक कुँआ मिला, उसमें उतर कर उसने पानी पिया, फिर बाहर निकला तो देखा कि एक कुत्ता हाँप रहा है और सख़्त प्यास की वजह से कीचड़ चाट रहा है, उस शख़्स ने दिल में कहाः इस कुत्ते को प्यास से वही हाल है जो मेरा हाल था, अतः वह (फिर) कुँए में उतरा, और अपने मोज़ों को पानी से भरा, फिर मुँह में दबा कर ऊपर चढ़ा, और (कुँए से निकल कर बाहर आ कर) कुत्ते को पिलाया, तो अल्लाह तआ़ला ने उसका यह अ़मल क़बूल फ़रमा लिया, और उसे बख़्श दिया।» (बुख़ारीः अलूउजू ३३, हदीस नम्बरः १७३, मुस्लिमः अस्सलाम ४१, हदीस नम्बरः २२४४)

और मुस्लिम वग़ैरा की रिवायत है कि रसूलुल्लाह ﷺ एक गधे के पास से गुज़रे जिसे चेहरे पर दाग़ा गया था, आप ﷺ ने देख कर फ़रमायाः

«لَعَنَ اللهُ الَّذِي وَسَمَهُ». [مسلم / الزينة ٢٩ (٢١١٧)]

«अल्लाह की लानत (शाप) हो उस पर जिसने उसको दाग़ा है।» (मुस्लिमः अज़्ज़ीना २६, हदीस नम्बरः २११७)

ऐ अल्लाह! हमें ऐसी यक़ीनी तौफ़ीक़ दे कि तेरी नाफ़र्मानी से बच जायें, और हमारी रहनुमाई फ़रमा कि तेरी रिज़ा के लिए हम कोशिश करें। और ऐ मौला! हमें रुस्वाई और अ़ज़ाब से बचा, और हमें वही प्रदान कर जो तू ने अपने वलीयों और चाहने वालों को दिया, और हमें दुनिया में भी नेकी प्रदान कर, और आख़िरत में भी, और जहन्नम के अ़ज़ाब से बचा। ऐ कृपा करने वालों में सबसे ज़्यादा कृपा करने वाला! अपनी ख़ास रह्मत से हमको और हमारे माँ बाप को और तमाम मुसलमानों को बख़्श दे।

मुहम्मद तथा उनके अह्ल व अ़याल और उनके तमाम सहाबियों पर दुरूद व सलाम नाज़िल हो।

लोगों के मक़ाम व मर्तबा (दरजा व पद) का लिहाज़

इस्लाम की ख़ूबियों में से हिक्मत के साथ मामलों को अंजाम देना भी है, और वह इस तरह कि हम हर मुमिन इंसान को उसके मक़ाम व मर्तबा पर रखें, और उसकी इ़ज़्ज़त व जज़्बात (मनोविकार) का पास व लिहाज़ रखें और उसे वही मक़ाम प्रदान करें जो उसके लिए लाएक़ (उपयुक्त) है, उम्मुल मुमिनीन आ़इशा रज़ियल्लाहु अ़न्हा से रिवायत है कि रसूलुल्लाह ﷺ ने फ़रमायाः

«أَنْزِلُوا النَّاسَ مَنَازِلَهُمْ». [أبو داود / الأدب ٢٣ (٤٨٤٢) (ضعيف)]

«हर शख़्स को उसके मर्तबे पर रखो।» (अबू दाऊदः अलअदब २३, हदीस नम्बरः ४८४२) (ज़ईफ़)

और एक रिवायत में है कि उम्मुल मुमिनीन आ़इशा रज़ियल्लाहु अ़न्हा सफ़र कर

रही थीं, एक जगह उतरीं कि आराम करें, और खाना खायें, वहाँ एक फ़क़ीर सवाली आया तो आपने फ़रमायाः एक क़िर्श (पैसा) दे दो, दूसरा शख़्स घोड़े पर सवार होकर सामने से गुज़रा, आपने फ़रमायाः उसे खाने पर बुलाओ, आपसे पूछा गया कि आपने इस मिस्कीन को एक क़िर्श देकर चलता किया, और इस मालदार आदमी को खाने पर बुलाया? आपने जवाब दिया कि अल्लाह ने लोगों को उनकी हैसियत के मुताबिक़ (ओहदे के अनुसार) जगह दी है, हमारा भी फ़र्ज़ (कर्तव्य) है कि लोगों के साथ उनकी हैसियत के मुताबिक़ ही बर्ताव करें, यह मिस्कीन एक क़िर्श पर खुश हो सकता है, लेकिन हमारे लिए नामुनासिब (अनुचित) है कि इस माल्दार को जो इस शान से आया हो हम एक क़िर्श दें। -अल्लाह उम्मुल मुमिनीन आ़इशा रज़ियल्लाहु अ़न्हा पर रहम फ़रमाये- कितना अच्छा जवाब दिया, जो हिक्मत व दानाई (अ़क़्लमंदी), अच्छे ज़ौक़ और उम्दा अ़ख़्लाक़ (उचित व्यवहार), बाइज़्ज़त मामला, और अल्लाह और उसके रसूल के इर्शादात के मुकम्मल इत्तिबा का आईनादार (निर्देशना की पूर्ण फ़रमा बर्दारी) है।

और रिवायत है कि रसूलुल्लाह ﷺ अपने एक घर में दाख़िल हुए, आपके सहाबा रिज़वानुल्लाहि अ़लैहिम भी उस घर में जमा हो गए, यहाँ तक कि बैठक भर गई, बाद में जरीर बिन अ़ब्दुल्लाह अल्बजली رضي الله عنه तशरीफ़ लाए, जगह न पा कर दर्वाज़े ही पर बैठ गए, रसूलुल्लाह ﷺ ने चादर लपेट कर उन्हें पेश की, और फ़रमायाः इस पर बैठ जाओ, जरीर رضي الله عنه ने चादर लेकर अपने चेहरे से लगाई, उसे बोसा देने और रोने लगे, और अपने लिए रसूलुल्लाह की तक्रीम (आदर) से बहुत मुतअस्सिर (प्रभावित) हुए, उन्होंने शुकरिया से भरे हुए जज़्बात (मनोविकार) के साथ चादर लपेट कर रसूलुल्लाह ﷺ की ख़िदमत में पेश करते हुए कहाः ऐ अल्लाह के रसूल! जैसी आपने मुझे इज़्ज़त दी अल्लाह आपको इससे भी ज़्यादा इज़्ज़त बख़्शे, आपकी मुबारक चादर पर मैं नहीं बैठ सकता, रसूलुल्लाह ﷺ ने दायें बायें देख कर फ़रमायाः

«إِذَا أَتَاكُمْ كَرِيمُ قَوْمٍ فَأَكْرِمُوهُ». [ابن ماجه / الأدب ١٩ (٣٧١٢) (حسن)]

«जब तुम्हारे पास किसी क़ौम का कोई इज़्ज़तदार आदमी (सम्मानित व्यक्ति) आए, तो तुम उसका इह्तिराम (सम्मान) करो।» (इब्नु माजाः अलुअदब १६, हदीस नम्बरः २३१२) (हसन)

इस बेहतरीन मामला पर ग़ौर कीजिए तो रसूलुल्लाह ﷺ के मामले का एक कामिल नमूना (परिपूर्ण आदर्श) इसी में मिलेगा कि किस तरह आपने जरीर ؓ के मर्तबे का ख़्याल फ़रमाया, और उनकी इज़्ज़त बढ़ाई, जरीर ؓ ने आपके अच्छे सुलूक से किस क़दर प्रभावित हुए।

◈ औरतों के हुक़ूक़ (अधिकार)

इस्लाम की खूबियों में यह है कि उसने शौहरों पर बीवीयों के वैसे ही हुक़ूक़ मुक़र्रर किए जैसे मर्दों में भलाई करने में, अच्छी गुज़र बसर में, तकलीफ़ न पहुँचाना। अलबत्ता 'बीवीयों पर शौहरों को मज़ीद मर्तबा (अधिक मान) बख़्शा' यह मर्तबा अख़्लाक़ और रुत्बे की फ़ज़ीलत, फ़र्माबर्दारी, नान नफ़्क़ा की अदाएगी, महर की अदाएगी, उनकी भलाई का हक़ अदा करना, दुनिया व आख़िरत में मर्दों की फ़ज़ीलत वग़ैरा शामिल हैं।

◈ जाहिलियत के रस्म व रिवाज की मुमानअत (मनाही)

इस्लाम की खूबियों में यह भी है कि उसने औरत को अह्दे जाहिलियत (अज्ञ युग) के ज़ालिमाना रिवाज (अत्याचारपूर्ण प्रथा) से नजात दिलाई, चुनाँचि औरत अह्दे जाहिलियत में अपने बाप या शौहर की जायदाद समझी जाती थी, और बेटा बाप के मरने के बाद अपनी बेवा (बिधवा) माँ का वारिस होता था। और इस्लाम से पहले अरब औरतों को ज़बरदस्ती विरासत में ले लेते थे। वारिस आकर बाप की बीवी के चेहरे पर चादर डाल कर कहता था कि जैसे मैं अपने बाप के माल का वारिस हूँ इसी तरह उसकी बीवी का भी वारिस हो गया, और जब वह चाहता तो महर के बग़ैर उस औरत से शादी कर लेता, या अपने किसी आदमी से उसकी शादी करा देता, और उसका महर ख़ुद वसूल कर लेता, या

शादी करना उसके लिए हराम कर देता ताकि उसका वारिस बन जाए। इस्लामी शरीअ़त ने ऐसी शादी और इस विरासत को रद (खंडन) कर दिया। अल्लाह तआ़ला का फ़रमान है:

﴿يَـٰٓأَيُّهَا ٱلَّذِينَ ءَامَنُوا۟ لَا يَحِلُّ لَكُمْ أَن تَرِثُوا۟ ٱلنِّسَآءَ كَرْهًا﴾ [النساء: ١٩]

"ऐ ईमान वालो! तुम्हारे लिए हलाल नहीं कि ज़बरदस्ती औ़रतों को विरासत में ले बैठो।" (अन्निसा: १६)

और जाहिलयत के ज़माना में अ़रब के लोग औ़रतों को शादी करने से रोकते थे, वारिस का बेटा बाप की बीवी को शादी करने से इस लिए रोकता था कि औ़रत उसके बाप की जो मीरास बीवी की हैसियत से पाए वह उसके बेटे को दे दे, इसी तरह बाप अपनी बेटी को केवल इसी नियत से शादी से रोकता था कि लड़की अपनी तमाम मिलकियत बाप को दे दे, और आदमी अपनी बीवी को तलाक़ देकर शादी करने से रोकता था कि उसकी जायदाद में से जो चाहे हासिल कर ले, और नाराज़ शौहर अपनी बीवी के साथ गुज़र बसर में बद सुलूकी करता, और उसे तंग करता, और तलाक़ नहीं देता था, ताकि औ़रत अपना महर उसको वापस कर दे। ख़ुलासा (सारांश) यह है कि अ़रब इस्लाम से पहले औ़रतों पर ज़ुल्म व सितम ढाते और हुकूमत करते थे। अल्लाह तआ़ला का इरशाद है:

﴿وَلَا تَعْضُلُوهُنَّ لِتَذْهَبُوا۟ بِبَعْضِ مَآ ءَاتَيْتُمُوهُنَّ﴾ [النساء: ١٩]

"और उन्हें इस लिए न रोक रखो कि जो तुमने उन्हें दे रखा है उस में से कुछ ले लो।" (अन्निसा: १६)

और वह लोग नान व नफ़क़ा, लिबास और गुज़र बसर में औ़रतों के दरमियान इंसाफ़ नहीं करते थे, इस्लाम ने मर्दों को औ़रतों के दरमियान इंसाफ़ करने का हुक्म दिया। अल्लाह तआ़ला का फ़रमान है:

﴿وَعَاشِرُوهُنَّ بِٱلْمَعْرُوفِ﴾ [النساء: ١٩]

"उनके साथ अच्छी तरीक़े से गुज़र बसर करो।" (अन्निसाः १९)

और फ़रमायाः

﴿فَإِنْ خِفْتُمْ أَلَّا تَعْدِلُوا فَوَاحِدَةً﴾ [النساء: ٣]

"अगर तुम्हें बराबरी न कर सकने का डर हो तो एक ही काफ़ी है।" (अन्निसाः ३)

और फ़रमायाः

﴿وَإِنْ أَرَدتُّمُ اسْتِبْدَالَ زَوْجٍ مَّكَانَ زَوْجٍ وَآتَيْتُمْ إِحْدَاهُنَّ قِنطَارًا فَلَا تَأْخُذُوا مِنْهُ شَيْئًا أَتَأْخُذُونَهُ بُهْتَانًا وَإِثْمًا مُّبِينًا﴾ [النساء: ٢٠]

"और अगर तुम एक बीवी की जगह दूसरी बीवी करना ही चाहो और उनमें से किसी को तुमने ख़ज़ाना का ख़ज़ाना दे रखा हो, तो भी उसमें से कुछ न लो, क्या तुम उसे नाहक़ और खुला गुनाह होते होते ले लोगे।" (अन्निसाः २०)

और दीनी हैसियत से मर्द औ़रत दोनों बराबर हैं। अल्लाह तआ़ला का फ़रमान हैः

﴿مَنْ عَمِلَ صَالِحًا مِّن ذَكَرٍ أَوْ أُنثَىٰ وَهُوَ مُؤْمِنٌ فَلَنُحْيِيَنَّهُ حَيَاةً طَيِّبَةً وَلَنَجْزِيَنَّهُمْ أَجْرَهُم بِأَحْسَنِ مَا كَانُوا يَعْمَلُونَ﴾ [النحل: ٩٧]

"जो शख़्स नेक अ़मल करे मर्द हो या औ़रत, लेकिन ईमानदार हो तो हम उसे यक़ीनन (निश्चय) बेहतर ज़िंदगी प्रदान करेंगे, और उनके नेक आमाल का बेहतर बदला भी उन्हें ज़रूर ज़रूर देंगे।" (अन्नहूलः ९७)

और मालिक तथा अधिकारी होने की हैसियत से फ़रमायाः

﴿لِّلرِّجَالِ نَصِيبٌ مِّمَّا تَرَكَ الْوَالِدَانِ وَالْأَقْرَبُونَ وَلِلنِّسَاءِ نَصِيبٌ مِّمَّا تَرَكَ الْوَالِدَانِ وَالْأَقْرَبُونَ﴾

[النساء: ٧]

"माँ बाप और रिश्तेदार के तरिका (छोड़े हुए माल) में मर्दों का हिस्सा भी है, और औ़रतों का भी जो माल माँ बाप और रिश्तेदार छोड़ कर मरें।" (अन्निसाः ७)

❂ और इस्लाम की ख़ूबियों के लिए यह काफ़ी है जो उसने औ़रत को दीन और मिल्कियत और कमाई में मुसावात (बराबरी) प्रदान की। और उसे शादी

के बारे में जो ज़मानतें प्रदान कीं कि शादी औ़रत की इजाज़त और रिज़ामंदी से हो, ज़बरदस्ती तथा लापरवाही न की जाए। रसूलुल्लाह ﷺ का फ़र्मान है:

«لا تُنْكَحُ الثَّيِّبُ حَتَّى تُسْتَأْمَرَ، وَلا الْبِكْرُ إِلَّا بِإِذْنِهَا» قَالُوا: يَا رَسُولَ اللهِ! وَمَا إِذْنُهَا؟ قَالَ: «أَنْ تَسْكُتَ». [بخاري / النكاح ٤١ (٥١٣٦)، مسلم / النكاح ٩ (١٤١٩)]

«सैइब (तलाक़प्राप्ता या विधवा) औ़रत की शादी न की जाए जब तक उससे पूछ न लिया जाए, और न ही कुमारी औ़रत की शादी बग़ैर उसकी इजाज़त के की जाए।» लोगों ने पूछा: ऐ अल्लाह के रसूल! उसकी इजाज़त क्या है? आप ﷺ ने फ़रमाया: «(उसकी इजाज़त यह है कि) वह ख़ामूश रहे।» (बुख़ारी: अन्निकाह ४१, हदीस नम्बर: ५१३६, मुस्लिम: अन्निकाह ९, हदीस नम्बर: १४१९)

और औ़रत के बारे में अल्लाह तआ़ला ने इर्शाद फ़रमाया:

﴿فَمَا اسْتَمْتَعْتُم بِهِ مِنْهُنَّ فَآتُوهُنَّ أُجُورَهُنَّ فَرِيضَةً﴾ [النساء: ٢٤]

"जिनसे तुम फ़ायदा उठाओ, उन्हें उनका मुक़र्रर किया हुआ महर दे दो।" (अन्निसा: २४)

✪ और इस्लाम की ख़ूबियों में से यह भी है कि अ़रब के लोग इस्लाम से पहले लड़कियों को शर्म व आ़र के डर से ज़िंदा दर गोर कर देते थे, ज़िंदा जीते जी दफ़न कर देते थे, यहाँ तक कि वह मर जाती, इस्लाम ने उनके दफ़न व क़त्ल को क़तई (निश्चित रूप से) हराम क़रार दिया, और उन्हें ज़िंदगी में बहुत से हुक़ूक़ (अधिकार) प्रदान किए। इस तरह इस्लाम ने औ़रत के साथ भरपूर इंसाफ़ किया और उसकी ज़िंदगी और इंसानी हुक़ूक़ (मानवाधिकार) की हिफ़ाज़त फ़रमाई।

ऐ अल्लाह! हमको ग़म व दुःख और आ़जिज़ी (अक्षमता) व सुस्ती, और बुज़दिली (भीरुता), और कंजूसी, और क़र्ज़ के बोझ, और लोगों के दबाव, और दुश्मनों के हँसने से अपनी पनाह में रख। और ऐ दया करने वालों में सबसे ज़्यादा दया करने वाला! हमें और हमारे माँ बाप और तमाम मुसलमानों को अपनी ख़ास दया व रह़मत से बख़्श दे।

मुहम्मद, उनके आल व औलाद (परिवार परिजन) और उनके सहाबियों पर दुरूद व सलाम नाज़िल हो।

दौरे जाहिलियत के अक़ीदे से इज्तिनाब (अज्ञता काल के धर्म-विश्वास से दूर रहना)

इस्लाम की ख़ूबियों में से कहानत (भविष्यवाणी) को बातिल तथा हराम क़रार देना, और चिड़यों के मना करने (चिड़यों से बद फ़ाली लेना) और मैसिर (जूए की एक क़िस्म) को हराम क़रार देना है। और उन्हीं जाहिलाना बातों में से पाँसा फेंकना, बहीरा, साइबा, वसीला और हाम। (यह उन जानवरों की क़िस्में हैं जिन्हें अह्ले अ़रब बुतों के नाम आज़ाद छोड़ देते थे।)

और उन्हीं जाहिलाना मामलों में से जिन्हें इस्लाम ने हराम क़रार दिया मेंगनी का फेंकना भी है। दौरे जाहिलियत (अज्ञता काल) में यह दस्तूर था कि औ़रत का शौहर जब मर जाता तो किसी कोठरी में चली जाती, और साल भर गंदे कपड़े पहनती, ख़ुश्बू को हाथ न लगाती, फिर उसके पास एक जानवर लाया जाता जैसे गधा, या चिड़या या बक्री जिसे टुकड़े करती, जब भी वह टुकड़े करती, वह जानवर मर जाता, इसके बाद औ़रत को मेंगनी दी जाती जिसे वह फेंकती थी फिर वह जो चाहती करती।

और उन्हीं जाहिली चीज़ों में से औलाद को ग़रीबी के डर से मार डालना भी है, आदमी अपने लड़के को इस डर से मार डालता था कि वह उसके साथ खाएगा। अल्लाह तआ़ला ने इसको मना फ़रमायाः

﴿وَلَا تَقْتُلُوٓاْ أَوْلَٰدَكُمْ خَشْيَةَ إِمْلَٰقٍ نَّحْنُ نَرْزُقُهُمْ وَإِيَّاكُمْ إِنَّ قَتْلَهُمْ كَانَ خِطْـًٔا كَبِيرًا﴾

[الإسراء: ٣١]

"और ग़रीबी के डर से अपनी औलादों को न मार डालो, उनको और तुमको हम ही रोज़ी देते हैं, बेशक उनका क़त्ल करना बड़ा गुनाह है।" (अल्इस्राः ३१)

और इस्लाम की ख़ूबियों में से यह भी है कि उसने बुत परस्तों (मूर्ती पूजकों), मुश्रिकों और काफ़िरों को ईमानदार, नेक, परहेज़गार, ज़ाहिद (तापस) और

अल्लाह भीरु बना दिया, जो अल्लाह से डरते हैं, सिर्फ़ उसी की बंदगी करते हैं, उसके साथ किसी को शरीक नहीं करते, और हक़ पर डटे रहते हैं, अल्लाह के बारे में उन्हें किसी की मलामत का डर नहीं। इर्शाद है:

﴿وَيُؤْثِرُونَ عَلَىٰٓ أَنفُسِهِمْ وَلَوْ كَانَ بِهِمْ خَصَاصَةٌ﴾ [الحشر: ٩]

“वह अपने ऊपर उन्हें तर्जीह (प्रधानता) देते हैं, गो ख़ुद उन्हें कितनी ही सख़्त ज़रूरत हो।” (अल्हश्र: ९)

बेवफ़ाई और ग़द्दारी की हुर्मत (मनाही)

इस्लाम की ख़ूबियों में से बेवफ़ाई को हराम कर देना भी है। अल्लाह तआ़ला का इर्शाद है:

﴿يَٰٓأَيُّهَا ٱلَّذِينَ ءَامَنُوٓاْ أَوۡفُواْ بِٱلۡعُقُودِ﴾ [المائدة: ١]

"ऐ ईमान वालो! अ़हद व पैमान (वादा व प्रतिज्ञा) पूरे करो।" (अलमाइदा: १)

﴿وَأَوۡفُواْ بِٱلۡعَهۡدِۖ إِنَّ ٱلۡعَهۡدَ كَانَ مَسۡـُٔولٗا﴾ [الإسراء: ٣٤]

"और वादे पूरे करो, क्योंकि वादे के बारे में पूछा जाएगा।" (अल्इस्रा: ३४)

और रसूलुल्लाह ﷺ का इर्शाद है:

«لِكُلِّ غَادِرٍ لِوَاءٌ، يُنْصَبُ بِغَدْرَتِهِ يَوْمَ الْقِيَامَةِ». [بخاري / الجزية ٢٢ (٣١٨٨)]

«हर दग़ाबाज़ के लिए क़ियामत के दिन एक झंडा होगा जो उसकी दग़ाबाज़ी की अ़लामत (चिन्ह) के तौर पर (उसके पीछे) गाड़ दिया जाएगा।» (बुख़ारी: अल्जिज़्या २२, हदीस नम्बर: ३१८८)

और फ़रमाया:

«أَرْبَعٌ مَنْ كُنَّ فِيهِ كَانَ مُنَافِقًا خَالِصًا، وَمَنْ كَانَتْ فِيهِ خَصْلَةٌ مِنْهُنَّ كَانَتْ فِيهِ خَصْلَةٌ مِنَ النِّفَاقِ حَتَّى يَدَعَهَا، إِذَا اؤْتُمِنَ خَانَ، وَإِذَا حَدَّثَ كَذَبَ، وَإِذَا عَاهَدَ غَدَرَ، وَإِذَا خَاصَمَ فَجَرَ».

[بخاري / المظالم ١٧ (٢٤٥٩)]

«चार आ़दतें (अभ्यास) जिस किसी में हूँ तो वह ख़ालिस (खाँटी) मुनाफ़िक़ है, और जिस किसी में इन चारों में से एक आ़दत हो तो वह (भी) निफ़ाक़ (कपटता) ही है, जब तक उसे न छोड़ दे, (वह यह हैं:) जब उसके पास अमानत

रखी जाए तो (अमानत में) ख़ियानत करे, और बात करते समय झूट बोले, और जब (किसी से) वादा करे तो उसे पूरा न करे, और जब लड़ाई झगड़ा करे तो गाली गुलूच बके।» (बुख़ारीः अल्मज़ालिम १७, हदीस नम्बरः २४५६)

और फ़रमायाः

قَالَ اللهُ تَعَالَى: «ثَلَاثَةٌ أَنَا خَصْمُهُمْ يَوْمَ الْقِيَامَةِ، رَجُلٌ أَعْطَى بِي ثُمَّ غَدَرَ، وَرَجُلٌ بَاعَ حُرًا فَأَكَلَ ثَمَنَهُ، وَرَجُلٌ اسْتَأْجَرَ أَجِيرًا فَاسْتَوْفَى مِنْهُ وَلَمْ يُعْطِهِ أَجْرَهُ». [بخاري /الإجارة ١٠ (٢٢٧٠)]

«अल्लाह तआ़ला का फ़रमान है कि तीन तरह के लोग ऐसे हैं कि जिनका क़ियामत में मैं ख़ुद मुद्दई (वादी) बनूँगा। एक तो वह व्यक्ति जिसने मेरे नाम पे अह्द किया फिर वादा ख़िलाफ़ी की। दूसरा वह जिसने किसी आज़ाद आदमी को बेच कर उसकी क़ीमत खाई। और तीसरा वह व्यक्ति जिसने किसी को मज़्दूर किया, फिर काम तो उससे पूरा लिया, लेकिन उसकी मज़्दूरी न दी।» (बुख़ारीः अल्इजारा १०, हदीस नम्बरः २२७०)

रोज़ी कमाने का हुक्म

इस्लाम की ख़ूबियों में से काम करने और रोज़ी कमाने की तर्ग़ीब (उत्साह) देना, और सुस्ती तथा बग़ैर ज़रूरत के लोगों से माँगने को रोकना है। इस्लाम कोशिश, अ़मल और जिद्द व जह्द (पराक्रम) का दीन है, सुस्ती, काहिली और आ़जिज़ी (निर्बलता) का दीन नहीं। इस्लाम वह दीन है जो इंसानी इ़ज़्ज़त व सम्मान और शख़्सी बुज़ुर्गी का मुहाफ़िज़ (रक्षक) है। अल्लाह तआ़ला का फ़रमान हैः

﴿وَقُلِ اعْمَلُوا فَسَيَرَى اللَّهُ عَمَلَكُمْ وَرَسُولُهُ﴾ [التوبة: ١٠٥]

"कह दीजिए कि तुम अ़मल किए जाओ, तुम्हारे अ़मल अल्लाह और उसके रसूल ख़ुद देख लेंगे।" (अत्तौबाः १०५)

﴿وَأَن لَّيْسَ لِلْإِنسَانِ إِلَّا مَا سَعَىٰ ﴿٣٩﴾ وَأَنَّ سَعْيَهُ سَوْفَ يُرَىٰ﴾ [النجم: ٣٩-٤٠]

"हर इंसान के लिए सिर्फ़ वही है जिसकी कोशिश ख़ुद उसने की है, और बेशक उसकी कोशिश अ़न्क़रीब (शीघ्र) देखी जाएगी।" (अन्नज्मः ३९-४०)

और इस्लाम दीन व दुनिया दोनों के लिए कोशिश करने की तर्ग़ीब देता है। अल्लाह तआ़ला का इर्शाद है:

﴿وَابْتَغِ فِيمَآ ءَاتَىٰكَ ٱللَّهُ ٱلدَّارَ ٱلْءَاخِرَةَ ۖ وَلَا تَنسَ نَصِيبَكَ مِنَ ٱلدُّنْيَا﴾ [القصص: ٧٧]

“और जो कुछ अल्लाह तआ़ला ने तुझे दे रखा है उस में से आख़िरत के घर की तलाश भी रखो, और अपने दुनियावी हिस्से को भी न भूलो।” (अल्क़ससः ७७)

और फ़रमायाः

﴿فَإِذَا قُضِيَتِ ٱلصَّلَوٰةُ فَٱنتَشِرُوا۟ فِى ٱلْأَرْضِ وَٱبْتَغُوا۟ مِن فَضْلِ ٱللَّهِ﴾ [الجمعة: ١٠]

“जब नमाज़ हो चुके तो ज़मीन में फैल जाओ और अल्लाह का फ़ज़्ल (अनुकम्पा) तलाश करो।” (अल्जुमुआः १०)

मोतदिल (परिमित) खाने पीने का हुक्म

इस्लाम की ख़ूबियों में से मोतदिल व मियाना रौ (परिमित तथा मध्यम) खाना पीना अख़्तियार करने की हिदायत भी है। अल्लाह तआ़ला का इर्शाद है:

﴿وَكُلُوا۟ وَٱشْرَبُوا۟ وَلَا تُسْرِفُوٓا۟ ۚ إِنَّهُۥ لَا يُحِبُّ ٱلْمُسْرِفِينَ﴾ [الأعراف: ٣١]

“ख़ूब खाओ और पीओ और हद से मत निकलो (सीमा लंघन न करो), बेशक अल्लाह हद से निकल जाने वालों को पसंद नहीं करता।” (अल्आराफ़ः ३१)

और एक हदीस में यूँ है:

عَنْ مِقْدَامِ بْنِ مَعْدِي كَرِبَ ﷺ، قَالَ: سَمِعْتُ رَسُولَ اللهِ ﷺ يَقُولُ: «**مَا مَلأَ آدَمِيٌّ وِعَاءً شَرًّا مِنْ بَطْنٍ، بِحَسْبِ ابْنِ آدَمَ أُكُلاتٌ يُقِمْنَ صُلْبَهُ، فَإِنْ كَانَ لَا مَحَالَةَ فَثُلُثٌ لِطَعَامِهِ، وَثُلُثٌ لِشَرَابِهِ، وَثُلُثٌ لِنَفَسِهِ**». [ترمذي / الزهد ٤٧ (٢٣٨٠)، ابن ماجه / الأطعمة ٥٠ (٣٣٤٩) (صحيح)]

मिक़्दाम बिन मादीकरिब ﷺ कहते हैं कि मैंने रसूलुल्लाह ﷺ को यह फ़रमाते हुए सुनाः «किसी आदमी ने कोई बर्तन अपने पेट से ज़्यादा बुरा नहीं भरा, आदमी के लिए चंद लुक़्मे ही काफ़ी हैं जो उसकी पीठ को सीधी रखें, और अगर ज़्यादा ही खाना ज़रूरी हो तो पेट का एक तिहाई हिस्सा अपने खाने के लिए, एक तिहाई पानी पीने के लिए, और एक तिहाई साँस लेने के लिए बाक़ी

रखे।» (तिर्मिज़ीः अज़्ज़ुहद ४७, हदीस नम्बरः २३८०, इब्नु माजाः अल्अत्इमा ५०, हदीस नम्बरः ३३४६) (सहीह)

✪ और इस्लाम की ख़ूबियों में से हुक़ूक़ की अदायेगी में टाल मटोल करने की मनाही भी है। रसूलुल्लाह ﷺ का इर्शाद हैः

«مَطْلُ الْغَنِيِّ ظُلْمٌ، وَإِذَا أُتْبِعَ أَحَدُكُمْ عَلَى مَلِيءٍ فَلْيَتْبَعْ». [مسلم / البيوع ٧ (١٥٦٤)]

«मालदार का टाल मटोल करना ज़ुल्म है और जब किसी का क़र्ज़ मालदार पर उतार दिया जाए तो वह उसी का पीछा करे।» (मुस्लिमः अल्बुयूअ् ७, हदीस नम्बरः १५६४)

तंग दस्त (निर्धन) को मुहलत (अवकाश) देने का हुक्म

इस्लाम की ख़ूबियों में से तंग दस्त को मुहलत (अवसर) देने का हुक्म भी है। अल्लाह तआला का फ़र्मान हैः

﴿وَإِن كَانَ ذُو عُسْرَةٍ فَنَظِرَةٌ إِلَىٰ مَيْسَرَةٍ﴾ [البقرة: ٢٨٠]

“और अगर कोई तंगी वाला हो तो उसे आसानी तक मुहलत देनी चाहिए।” (अल्बक़राः २८०)

अबू हुरैरा ﷺ से रिवायत है कि नबी अक्रम ﷺ ने फ़रमायाः

«كَانَ تَاجِرٌ يُدَايِنُ النَّاسَ، فَإِذَا رَأَى مُعْسِرًا قَالَ لِفِتْيَانِهِ: تَجَاوَزُوا عَنْهُ، لَعَلَّ اللهَ أَنْ يَتَجَاوَزَ عَنَّا؛ فَتَجَاوَزَ اللهُ عَنْهُ». [بخاري / البيوع ٨ (٢٠٧٨)]

«एक ताजिर (व्यापारी) लोगों को उधार दिया करता था, जब किसी तंग दस्त को देखता तो अपने नौकरों से कह देता कि उसे माफ़ कर दो, शायद कि अल्लाह तआला हमें (आख़िरत में) माफ़ कर दे, चुनांचि अल्लाह तआला ने (उसके मरने के बाद) उसको माफ़ कर दिया।» (बुख़ारीः अल्बुयूअ् १८, हदीस नम्बरः २०७८)

और नबी अक्रम ﷺ ने फ़रमायाः

«مَنْ أَنْظَرَ مُعْسِرًا، كَانَ لَهُ بِكُلِّ يَوْمٍ صَدَقَةٌ، وَمَنْ أَنْظَرَهُ بَعْدَ حِلِّهِ كَانَ لَهُ مِثْلُهُ، فِي كُلِّ يَوْمٍ صَدَقَةٌ». [ابن ماجه / الصدقات ١٤ (٢٤١٨) (صحيح)]

«जो किसी तंग दस्त को मुहलत देगा तो उसको हर दिन के हिसाब से एक सदक़ा का सवाब मिलेगा, और जो किसी तंग दस्त को वक़्त गुज़र जाने के बाद मुहलत देगा तो उसको हर दिन के हिसाब से उसके क़र्ज़ा के सदक़ा का सवाब मिलेगा।» (इब्नु माजाः अस्सदक़ात १४, हदीस नम्बरः २४१८) (सहीह)

रिश्वत की हुर्मत (घूस की मनाही) और नादिम (लज्जित) को माफ़ करने की तरग़ीब (उत्साह प्रदान)

इस्लाम की ख़ूबियों में रिश्वत से मना करना है। अबू हुरैरा ﷺ से रिवायत है कि:

«لَعَنَ رَسُولُ اللهِ ﷺ الرَّاشِي وَالْمُرْتَشِي فِي الْحُكْمِ». [ترمذي / الأحكام ٩ (١٣٣٦) (صحيح)]

«रसूलुल्लाह ﷺ ने फ़ैसले में रिश्वत देने वाले, और रिश्वत लेने वाले दोनों पर लानत (शाप) भेजी है।» (तिर्मिज़ीः अल्अह्काम ९, हदीस नम्बरः १३३६) (सहीह)

और राएश उस शख़्स को कहते हैं जो दोनों के दर्मियान वास्ता (माध्यम) बनता हो यानी दलाल।

और इस्लाम की ख़ूबियों में नादिम (लज्जित व्यक्ति) को माफ़ करने की तरग़ीब देना भी है, क्योंकि इसमें इह्सान (भलाई) और नेकी और उसकी दिलजूई (सांत्वना) है। हदीस में आया है:

«**مَنْ أَقَالَ مُسْلِمًا أَقَالَهُ اللهُ عَثْرَتَهُ**». [أبو داود / البيوع ٥٤ (٣٤٦٠)، ابن ماجه / التجارات ٢٦ (٢١٩٩)، مسند أحمد (٢/٢٥٢) (صحيح)]

«जो कोई मुसलमान भाई से बेचने का मामला फ़स्ख़ (रहित) कर ले, तो अल्लाह तआ़ला क़ियामत के दिन उसके गुनाह माफ़ कर देगा।» (अबू दाऊदः अल्बुयूअ़ ५४, हदीस नम्बरः ३४६०, इब्नु माजाः अत्तिजारात २६, हदीस नम्बरः २१९९, मुस्नद अह्मदः २/२५२) (सहीह)

अल्लाह तआ़ला मुहम्मद पर दुरूद व सलाम नाज़िल करे।

दीन में ख़ैर ख़ाही (सदुपदेश) का हुक्म

इस्लाम की ख़ूबियों में से अल्लाह और उसकी किताब, और उसके रसूल, और मुसलमानों के शासकों, और आ़म मुसलमानों के साथ ख़ैर ख़ाही करना है।

अल्लाह के लिए ख़ैर ख़ाही का मतलब यह है कि उस पर ईमान लाया जाए, और उससे शरीक व साझी को दूर किया जाए, और उसके नामों और सिफ़तों की ग़लत तावील (अपव्यख्या) न की जाए, और उसे औसाफ़े कमाल के साथ मौसूफ़ (पूर्ण गुणों के साथ गुणान्वित) किया जाए, और दोषों तथा ऐबों से उसको पाक समझाा जाए, उसके हुक्म की इताअ़त (आज्ञा पालन) की जाए, और उसकी मना की हुई चीज़ों से बचा जाए, और उसकी इताअ़त करने वालों से दोस्ती की जाए, और उसकी नाफ़रमानी करने वालों से दुश्मनी की जाए, और इनके अ़लावा दूसरे वाजिबात (कर्तव्य) अदा किये जाएं।

और अल्लाह की किताब के साथ ख़ैर ख़ाही का मतलब यह है कि उस पर यह ईमान लाया जाए कि यह अल्लाह का कलाम है, उतारा गया, मख़्लूक़ नहीं है, और जिस चीज़ को अल्लाह ने हलाल किया उसको हलाल मानना, और उसकी हराम की हुई चीज़ को हराम मानना, और उसकी हिदायत पर चलना, उसके मआ़नी (अर्थों) पर ग़ौर करना, उसके हुक़ूक़ अदा करना, उसकी नसीहतों से नसीहत हासिल करना और उसकी धमकियों से इब्रत (शिक्षा) हासिल करना।

और रसूलुल्लाह ﷺ के लिए ख़ैर ख़ाही का मतलब आपकी लाई हुई शरीअ़त की तस्दीक़ करना, आपसे मुहब्बत करना, और जान व माल तथा औलाद पर तर्जीह (प्रधानता) देना, और ज़िंदगी तथा मौत दोनों हालतों में आपकी इ़ज़्ज़त करना, और आपकी सुन्नत को सीखना, और उसको फैलाना, और उस पर अ़मल करना, और हर शख़्स की बात पर (चाहे वह कोई भी हो) आपकी बात को मुक़द्दम रखना (अग्राधिकार देना)।

और मुसलमानों के शासकों के साथ ख़ैर ख़ाही करने का मतलब यह है कि हक़

पर उनकी मदद की जाए, और उसी में उनकी इताअ़त की जाए, और उसका उनको हुक्म दिया जाए, और लोगों की ज़रूरतों को पूरी करने के लिए उन्हें याद दिलाई जाए, और मेहरबानी व नर्मी तथा न्याय की ताकीद की जाए, और उनकी विलायत को तस्लीम (शासन को स्वीकार) किया जाए, और अल्लाह की नाफ़र्मानी के अ़लावा बातों में उनके हुक्मों को सुना और माना जाए, और लोगों को उसकी तर्ग़ीब दी जाए, और जहाँ तक हो सके उनकी रहनुमाई की जाए, और उन चीज़ों की तरफ़ उन्हें ध्यान दिलाया जाए जो उनके लिए फ़ायदामंद हों, और दूसरों को भी फ़ायदा पहूँचा सकें और उनके हुक़ूक़ को अदा किया जाए।

और आ़म मुसलमानों के साथ ख़ैर ख़ाही का मतलब यह है कि दीनी और दुनियावी मसालेह (कल्याणों) की तरफ़ उनकी रहनुमाई की जाए, उनसे तक्लीफ़ को दूर किया जाए, और अपने जिन दीनी बातों को वह नहीं जानते उनकी तालीम (शिक्षा) दी जाए, उन्हें अच्छी बात का हुक्म दिया जाए और बुरी बातों से रोका जाए, और उनके लिए वही बात पसंद की जाए जो अपने लिए पसंद हो, और उनके लिए वही बात नापसंद की जाए जो अपने लिए नापसंद हो, और जहाँ तक हो सके इसके लिए कोशिश की जाए।

सिला रेहमी (नाता बंधन जोड़ने) का हुक्म

इस्लाम की ख़ूबियों में से यह भी है कि उसने रिश्ता तोड़ने से रोका। अल्लाह तआ़ला का फ़र्मान है:

﴿فَهَلْ عَسَيْتُمْ إِن تَوَلَّيْتُمْ أَن تُفْسِدُوا فِي الْأَرْضِ وَتُقَطِّعُوا أَرْحَامَكُمْ﴾ [محمد: ٢٢]

“और तुमसे यह भी बई़द (दूर) हैं कि अगर तुमको हुकूमत मिल जाए तो तुम ज़मीन में फ़साद बर्पा कर दो, और रिश्ते नाते तोड़ डालो।” (मुहम्मदः २२)

और रसूलुल्लाह ﷺ का फ़र्मान है:

«الرَّحِمُ مُعَلَّقَةٌ بِالْعَرْشِ، تَقُولُ: مَنْ وَصَلَنِي وَصَلَهُ اللهُ، وَمَنْ قَطَعَنِي قَطَعَهُ اللهُ». [مسلم / البر والصلة ٦ (٢٥٥٥)]

«नाता अ़र्श से लटका हुआ है, और वह कहता हैः जो मुझको मिला दे अल्लाह

उसको अपने से मिला देगा, और जो मुझे काटेगा (विच्छिन्न करेगा) अल्लाह उसे अपने से काट (छिन्न कर) देगा।» (मुस्लिमः अल्बिर्र वस्सिला ६, हदीस नम्बरः २५५५)

और तबरानी में अ़ब्दुल्लाह बिन अबी औफ़ा ﷺ से रिवायत है कि नबी ﷺ ने फ़रमायाः

«إِنَّ الْمَلَائِكَةَ لَا تَنْزِلُ عَلَى قَوْمٍ فِيهِمْ قَاطِعُ رَحِمٍ». [مجمع الزوائد ٨/١٥٣ (ضعيف الجامع للألباني: ١٧٩١) (موضوع)]

«फ़रिश्ते उन लोगों पर नाज़िल नहीं होते जिनमें कोई रिश्तादारी का काटने वाला हो।» (मज्मउज़ ज़वाइदः ८/१५३, ज़ईफ़ुल जामेअ़ लिल्अल्बानीः १७६१) (मौज़ूअ़)

रह्बानियत की मुमानअ़त (सन्यास तथा संसार त्याग की मनाही)

इस्लाम धर्म की ख़ूबियों में से यह भी है कि दीन में सख़्ती करने और पाकीज़ा चीज़ों को छोड़ने से उसने मना किया है, क्योंकि इस्लाम आसानी, नर्मी और समता (बराबरी) का दीन है। जैसाकि अनस ﷺ की रिवायत से बड़ी वज़ाहत (स्पष्ट) होती हैः

عَنْ أَنَسِ بْنِ مَالِك ﷺ يَقُولُ: جَاءَ ثَلَاثَةُ رَهْطٍ إِلَى بُيُوتِ أَزْوَاجِ النَّبِيِّ ﷺ، يَسْأَلُونَ عَنْ عِبَادَةِ النَّبِيِّ ﷺ، فَلَمَّا أُخْبِرُوا كَأَنَّهُمْ تَقَالُّوهَا؛ فَقَالُوا: وَأَيْنَ نَحْنُ مِنَ النَّبِيِّ ﷺ، قَدْ غُفِرَ لَهُ مَا تَقَدَّمَ مِنْ ذَنْبِهِ وَمَا تَأَخَّرَ، قَالَ أَحَدُهُمْ: أَمَّا أَنَا؛ فَإِنِّي أُصَلِّي اللَّيْلَ أَبَدًا، وَقَالَ آخَرُ: أَنَا أَصُومُ الدَّهْرَ وَلَا أُفْطِرُ، وَقَالَ آخَرُ: أَنَا أَعْتَزِلُ النِّسَاءَ فَلَا أَتَزَوَّجُ أَبَدًا، فَجَاءَ رَسُولُ اللهِ ﷺ إِلَيْهِمْ؛ فَقَالَ: **«أَنْتُمُ الَّذِينَ قُلْتُمْ كَذَا وَكَذَا، أَمَا وَاللهِ! إِنِّي لَأَخْشَاكُمْ لِلهِ وَأَتْقَاكُمْ لَهُ، لَكِنِّي أَصُومُ وَأُفْطِرُ، وَأُصَلِّي وَأَرْقُدُ، وَأَتَزَوَّجُ النِّسَاءَ، فَمَنْ رَغِبَ عَنْ سُنَّتِي فَلَيْسَ مِنِّي».** [بخاري / النكاح ١ (٥٠٦٣)]

अनस बिन मालिक ﷺ बयान फ़रमाते हैंः तीन लोग (अ़ली बिन अबी तालिब, अ़ब्दुल्लाह बिन अ़म्र बिन आ़स और उस्मान बिन मज़ूऊन ﷺ) रसूलुल्लाह ﷺ की पाक बीवीयों के घरों की तरफ़ आपकी इबादत के मुतअ़ल्लिक़ पूछने आए, जब उन्हें रसूलुल्लाह ﷺ का अ़मल बताया गया तो जैसे उन्होंने कम समझा, और कहा कि हमारा रसूलुल्लाह ﷺ से क्या मुक़ाबला! आपकी तो तमाम अगली पिछली

लग़ज़िशें (भूल-चूक) माफ़ कर दी गई हैं। उनमें से एक ने कहा कि आज से मैं हमेशा रात भर नमाज़ पढ़ा करूँगा। दूसरे ने कहा कि मैं हमेशा रोज़े से रहूँगा और कभी नाग़ा नहीं होने दूँगा। तीसरे ने कहा कि मैं औ़रतों से जुदाई अख़्तियार कर लूँगा और कभी शादी नहीं करूँगा। फिर रसूलुल्लाह तशरीफ़ लाए और उनसे पूछाः «क्या तुमने ही यह यह बातें कही हैं? सुन लो! अल्लाह की क़सम! अल्लाह तआ़ला से मैं तुम सब से ज़्यादा डरने वाला हूँ, मैं तुम सब से ज़्यादा परहेज़गार हूँ, लेकिन मैं अगर रोज़े रखता हूँ तो इफ़्तार भी करता रहता हूँ, नमाज़ भी पढ़ता हूँ (रात में) और सोता भी हूँ, और मैं औ़रतों से शादी भी करता हूँ। मेरे तरीक़े से जिसने बेरग़बती की वह मुझसे नहीं है।» (बुख़ारीः अन्निकाह १, हदीस नम्बरः ५०६३)

ऐ अल्लाह! दुनिया को हमारा सबसे बड़ा मक़सद न बना, और न हमारे इल्म की इंतिहा, और न जहन्नम को हमारा ठिकाना बना, और हमारे गुनाहों के सबब हम पर उस शख़्स को मुसल्लत (क्षमता प्रदान) न करना जो हमारे बारे में तुझसे डरता न हो, और न हम पर रहम करता हो, और ऐ दया तथा कृपा करने वालों में सबसे अधिक कृपालू! अपनी ख़ास रह्मत से हमको और हमारे वालिदैन (माता पिता) और तमाम मुसलमानों को बख़्श दे।

मुहम्मद, उनके आल-औलाद तथा उनके तमाम सहाबियों पर दुरूद नाज़िल हो।

भलाई के काम और आख़िरत की याद की तरग़ीब

इस्लाम धर्म की ख़ूबियों में से भलाई की तरफ़ दावत देना, और भली बात का हुक्म करना और बुरी बात से मना करना भी है। अबू हुरैरा ﵁ से रिवायत है कि रसूलुल्लाह ﷺ ने फ़रमायाः

«مَنْ دَعَا إِلَى هُدَى كَانَ لَهُ مِنَ الأَجْرِ مِثْلُ أُجُورِ مَنْ تَبِعَهُ لَا يَنْقُصُ ذَلِكَ مِنْ أُجُورِهِمْ شَيْئًا، وَمَنْ دَعَا إِلَى ضَلَالَةٍ كَانَ عَلَيْهِ مِنَ الإِثْمِ مِثْلُ آثَامِ مَنْ تَبِعَهُ لَا يَنْقُصُ ذَلِكَ مِنْ آثَامِهِمْ شَيْئًا». [مسلم / العلم ٦ (٢٦٧٤)]

«जो शख़्स दूसरों को नेक अ़मल की दावत देता है तो उसकी दावत से जितने

लोग उन नेक बातों पर अ़मल करते हैं उन सब के बराबर दावत देने वाले को भी सवाब मिलता है, और अ़मल करने वालों के सवाब में से कोई कमी नहीं की जाती। और जो किसी गुमराही की तरफ़ बुलाता है तो जितने लोग उसके बुलाने से उस पर अ़मल करते हैं उन सब के बराबर उसको गुनाह होता है, और उनके गुनाहों में (भी) कोई कमी नहीं होती।» (मुस्लिमः अल्इल्म ६, हदीस नम्बरः २६७४)

और इस्लाम की ख़ूबियों में से आदमी को यह तर्ग़ीब देनी भी है कि ज़िंदगी के इन दिनों से फ़ायदा उठा कर वह काम किए जाएं जो आख़िरत के लिए फ़ायदामंद हों। अबू हुरैरा ﷺ से रिवायत है कि रसूलुल्लाह ﷺ ने फ़रमायाः

«إِذَا مَاتَ الإِنْسَانُ انْقَطَعَ عَنْهُ عَمَلُهُ إِلَّا مِنْ ثَلَاثَةٍ؛ إِلَّا مِنْ صَدَقَةٍ جَارِيَةٍ، أَوْ عِلْمٍ يُنْتَفَعُ بِهِ، أَوْ وَلَدٍ صَالِحٍ يَدْعُو لَهُ». [مسلم / الوصية ٣ (١٦٣١)]

«जब इंसान मर जाता है तो उसका अ़मल उससे मुन्क़ते (विच्छिन्न) हो जाता है सिवाय तीन चीज़ों केः सदक़ा जारिया, नफ़ा बख़्श इल्म और नेक औलाद जो उसके लिए दुआ़ करे।» (मुस्लिमः अल्वसिय्या ३, हदीस नम्बरः १६३१)

और अल्लाह तआ़ला ने फ़रमायाः

﴿يَا أَيُّهَا الَّذِينَ آمَنُوا اتَّقُوا اللَّهَ وَلْتَنْظُرْ نَفْسٌ مَا قَدَّمَتْ لِغَدٍ﴾ [الحشر: ١٨]

"ऐ ईमान वालो! अल्लाह से डरते रहो, और शख़्स देख भाल ले कि कल (क़ियामत) के लिए उसने (आमाल का) क्या (ज़ख़ीरा) भेजा है।" (अल्हश्रः १८)

अल्लाह पर पूरा भरोसा की तर्ग़ीब (उत्साह प्रदान)

इस्लाम की ख़ूबियों में से यह भी है कि उसने तर्ग़ीब दी है कि सिर्फ़ अल्लाह पर भरोसा किया जाए, फिर अपने ईमान और नेक अ़मल पर, अल्लाह के मुक़र्रब (क़रीबी) बंदों पर भरोसा न किया जाए। अबू हुरैरा ﷺ से रिवायत है कि जब आयतः

﴿وَأَنْذِرْ عَشِيرَتَكَ الْأَقْرَبِينَ﴾ [الشعراء: ٢١٤]

इस्लाम धर्म की ख़ूबियाँ

‘‘अपने क़रीबी रिश्ता वालों को डरायें।’’ (अश्शुअराः २१४)

नाज़िल हुई तो आप ﷺ खड़े हुए और फ़रमायाः

«يَا مَعْشَرَ قُرَيْشٍ! أَنْقِذُوا أَنْفُسَكُمْ مِنَ النَّارِ؛ فَإِنِّي لَا أَمْلِكُ لَكُمْ مِنَ اللهِ ضَرًّا وَلَا نَفْعًا، يَا مَعْشَرَ بَنِي عَبْدِ مَنَافٍ! أَنْقِذُوا أَنْفُسَكُمْ مِنَ النَّارِ؛ فَإِنِّي لَا أَمْلِكُ لَكُمْ مِنَ اللهِ ضَرًّا وَلَا نَفْعًا، يَا مَعْشَرَ بَنِي قُصَيٍّ! أَنْقِذُوا أَنْفُسَكُمْ مِنَ النَّارِ؛ فَإِنِّي لَا أَمْلِكُ لَكُمْ مِنَ اللهِ ضَرًّا وَلَا نَفْعًا، يَا مَعْشَرَ بَنِي عَبْدِ الْمُطَّلِبِ! أَنْقِذُوا أَنْفُسَكُمْ مِنَ النَّارِ؛ فَإِنِّي لَا أَمْلِكُ لَكُمْ مِنَ اللهِ ضَرًّا وَلَا نَفْعًا، يَا فَاطِمَةَ بِنْتَ مُحَمَّدٍ! أَنْقِذِي نَفْسَكِ مِنَ النَّارِ؛ فَإِنِّي لَا أَمْلِكُ لَكِ ضَرًّا وَلَا نَفْعًا، إِنَّ لَكِ رَحِمًا سَأَبُلُّهَا بِبَلَالِهَا». [بخاري / الوصايا ١١ (٢٧٥٣)، مسلم / الإيمان ٨٩ (٢٠٤)]

«ऐ कुरैश के लोगो! अपनी जानों को आग से बचा लो, इस लिए कि मैं तुम्हें अल्लाह के मुक़ाबिल में कोई नुक़्सान या कोई नफ़ा पहूँचाने की ताक़त नहीं रखता। ऐ बनी अ़ब्दे मनाफ़ के लोगो! अपने आपको जहन्नम से बचा लो, क्योंकि मैं तुम्हें अल्लाह के मुक़ाबिल में किसी तरह का नुक़्सान या नफ़ा पहूँचाने का अख़्तियार नहीं रखता। ऐ बनी कुसै के लोगो! अपनी जानों को आग से बचा लो, क्योंकि मैं तुम्हें कोई नुक़्सान या फ़ायदा पहूँचाने की ताक़त नहीं रखता। ऐ बनी अ़ब्दुल मुत्तलिब के लोगो! अपने आपको आग से बचा लो, क्योंकि मैं तुम्हें किसी तरह का हानि या लाभ पहूँचाने का अख़्तियार नहीं रखता। ऐ मुहम्मद की बेटी फ़ातिमा! अपनी जान को जहन्नम की आग से बचा ले, क्योंकि मैं तुझे कोई नुक़्सान या नफ़ा पहूँचाने का अख़्तियार नहीं रखता, तुमसे मेरा ख़ून का रिश्ता है सो मैं इह्सास को ताज़ा रखूँगा।» (बुख़ारीः अल्वसाया ११, हदीस नम्बरः २७५३, मुस्लिमः अल्ईमान ८९, हदीस नम्बरः २०४)

✿ और इस्लाम की ख़ूबियों में यह है कि नफ़्स को इस्लाह की पाबंदी का हुक्म दिया जाए कि आदमी अल्लाह के हुक्म को अदा करने का पाबंद हो जाए, और जिस चीज़ से उसने मना किया है उससे रुक जाए और भलाई का हुक्म दे, और बुराई से रोके, और परहेज़गारी की तर्ग़ीब देने वाली आयतें बहुत हैं।

✿ और इस्लाम की ख़ूबियों में से यह भी है कि वह इंसान को अपने रब के

साथ हमेशा तअ़ल्लुक़ पर लगा देता है, जब अल्लाह की नेमत मिलती है तब भी, और जब उस पर सख़्ती आती है तब भी। रसूलुल्लाह ﷺ का फ़रमान है:

«عَجَبًا لأَمْرِ الْمُؤْمِنِ، إِنَّ أَمْرَهُ لَهُ كُلَّهُ خَيْرٌ، وَلَيْسَ ذَلِكَ إِلَّا لِلْمُؤْمِنِ، إِنْ أَصَابَتْهُ سَرَّاءُ شَكَرَ، فَكَانَ خَيْرًا لَهُ، وَإِنْ أَصَابَتْهُ ضَرَّاءُ صَبَرَ، فَكَانَ خَيْرًا لَهُ». [مسلم / الزهد ١٣ (٢٩٩٩)]

«मुमिन का मामला कितना अ़जीब (आश्चर्य) है, उसका सारा काम भलाई ही भलाई है, और यह ख़ुसूसियत (वैशिष्ट) मुमिन के अ़लावा किसी और को हासिल नहीं, अगर उसे ख़ुशी पहुँचती है तो शुक्र अदा करता है, जब भी उसके लिए बेहतर होता है, अगर उसे तक्लीफ़ पहुँचती है तो सब्र करता है, तब भी उसके हक़ में बेहतर होता है।» (मुस्लिमः अज़्ज़ुहूद १३, हदीस नम्बरः २९९९)

समाज सुधार की तर्ग़ीब (उत्साह प्रदान)

इस्लाम की ख़ूबियों में से यह है कि वह मख़्लूक़ को तर्ग़ीब देता है, और वह उन्हें अपने नफ़्स और समाज की सुधार की तरफ़ तवज्जुह (ध्यान) दिलाता है, और उनकी रहनुमाई करता है, और उन्हें बताता है कि वह किस तरह अपनी अ़क़्लों को आज़ाद करें, और उसे ज़लालत की पस्ती (पथ भ्रष्टता) से निकाल कर अल्लाह तआ़ला की बंदगी पर लगाएं, और उन्हें समझाता है कि किस तरह वह अपने नफ़्सों की सफ़ाई और रूहों को पाँच वक़्त की नमाज़ पढ़ कर ग़िज़ा (आहार) दें, और अल्लाह का हक़ ज़कात दे कर किस तरह अपने मालों को साफ़ कर सकते हैं, और किस तरह एक मुसलमान ख़ानदान की मज़बूत तामीर करें, जो सोसाइटी का मग़ज़ (मज्जा) है, वह इस तरह कि लोग आपस में मिले रहें, और अपनी रिश्तादारी का अधिकार जानें, और बहुत आयतें तथा हदीसें इस विषय को बयान कर रही हैं।

عَنْ أَبِي أَيُّوبَ رضي الله عنه أَنَّ رَجُلًا قَالَ لِلنَّبِيِّ ﷺ: أَخْبِرْنِي بِعَمَلٍ يُدْخِلُنِي الْجَنَّةَ، قَالَ: «مَا لَهُ، مَا لَهُ؟» وَقَالَ النَّبِيُّ ﷺ: «أَرَبٌ مَا لَهُ؟ تَعْبُدُ اللهَ وَلَا تُشْرِكُ بِهِ شَيْئًا، وَتُقِيمُ الصَّلَاةَ، وَتُؤْتِي الزَّكَاةَ، وَتَصِلُ الرَّحِمَ». [بخاري / الزكاة ١ (١٣٩٦)، مسلم / الإيمان ٤ (١٣)]

अबू अय्यूब رضي الله عنه बयान फ़रमाते हैं कि एक व्यक्ति ने रसूलुल्लाह ﷺ से पूछा कि

आप मुझे कोई ऐसा अ़मल बताइये जो मुझे जन्नत में ले जाए। इस पर लोगों ने कहा कि आख़िर यह क्या चाहता है? लेकिन रसूलुल्लाह ﷺ ने फ़रमायाः «यह तो बहुत अहम ज़रूरत है। (सुनो) अल्लाह की इबादत करो, और उसका कोई शरीक (साझी) न ठहराओ, नमाज़ क़ायम करो, ज़कात दो, और सिला रेहमी (नाता बंधन रक्षा) करो।» (बुख़ारीः अज़्ज़कात १, हदीस नम्बरः १३९६, मुस्लिमः अलईमान ४, हदीस नम्बरः १३)

❂ और इस्लाम की ख़ूबियों में से जानते हुए बातिल के लिए लड़ने को हराम क़रार दिया, और जो व्यक्ति उसकी मुक़र्रर कर्दा हुदूद को मुअ़त्तल (उसकी निर्धारित सीमाओं को लंघन) करता है उसके लिए सिफ़ारिश करना हराम क़रार दिया, और मुमिन के बारे में ऐसी बात कहना हराम है जो उसके अंदर मौजूद नहीं। ख़ुलासा (सारांश) यह है कि वह मक़ासिद (उद्देश्य) जिन्हें पूरा करने का इस्लाम हरीस (प्रयासी) है, वह यह है कि इंसानी सोसाइटी इंसाफ़ और रहम दिली (न्याय तथा करुणा) की मज़बूत बुनियादों पर क़ायम हो जाए, और इंसान मुहब्बत की रूह और नतीजा ख़ेज़ तआउन (फलजनक हाथ बटाने) को बुलंद करें, और कमज़ोर करने वाले अस्बाब (कारणों) से बचे रहें। अ़ब्दुल्लाह बिन उमर रज़ियल्लाहु अ़न्हुमा से रिवायत है कि रसूलुल्लाह ﷺ ने फ़रमायाः

«مَنْ حَالَتْ شَفَاعَتُهُ دُونَ حَدٍّ مِنْ حُدُودِ اللهِ، فَقَدْ ضَادَّ اللهَ، وَمَنْ خَاصَمَ فِي بَاطِلٍ وَهُوَ يَعْلَمُهُ لَمْ يَزَلْ فِي سَخَطِ اللهِ حَتَّى يَنْزِعَ [عَنْهُ]، وَمَنْ قَالَ فِي مُؤْمِنٍ مَا لَيْسَ فِيهِ أَسْكَنَهُ اللهُ رَدْغَةَ الْخَبَالِ حَتَّى يَخْرُجَ مِمَّا قَالَ». [أبو داود / الأقضية ١٤ (٣٥٩٧)، مسند أحمد (٧٠،٨٢/٢) (صحيح)]

«जिसने अल्लाह के हुदूद में से किसी हद को रोकने की सिफ़ारिश की उसने अल्लाह की मुख़ालफ़त (विरोधिता) की, और जो जानते हुए किसी बातिल चिज़ के लिए झगड़े तो बराबर अल्लाह की नाराज़गी (असंतोष) में रहेगा यहाँ तक कि उस झगड़े से बाज़ आ जाए, और जिसने किसी मुमिन के बारे में कोई ऐसी बात कही जो उसमें नहीं थी तो अल्लाह तआ़ला उसका ठिकाना जहन्नमियों

में बनायेगा यहाँ तक कि अपनी कही हुई बात से तौबा कर ले।» (अबू दाऊदः अलूअक़्ज़िया १४, हदीस नम्बरः ३५९७, मुस्नद अह्मदः २/७०,८२) (सहीह)

झूटी गवाही देने की मनाही

इस्लाम धर्म की ख़ूबियों में से झूटी गवाही और झूट बोलने को हराम करना है, क्योंकि इसमें बड़े नुक़्सानात और मफ़ासिद (क्षति और बिगाड़) हैं। उन नुक़्सानात में से यह है कि वह दूसरे की दुनिया के बदले अपनी आख़िरत बेच देता है, और यह कि वह उस शख़्स के साथ ज़ुल्म पर उसकी मदद करके बद सुलूकी करता है जिसके ख़िलाफ़ गवाही देता है, और उसके साथ भी बुरा बर्ताव करता है जिसके ख़िलाफ़ गवाही देता है, क्योंकि उसे हक़ से मह्रूम (वंचित) कर देता है, और वह क़ाज़ी (विचारपति) के साथ भी बुरा बर्ताव करता है कि उसे हक़ की राह से भटकाता है, और वह उम्मत के साथ भी बद सुलूकी करता है कि उसके हुक़ूक़ को डगमगा देता है और उसके ख़िलाफ़ बेइत्मीनान (अशांति) पैदा करता है।

दौरे जाहिलियत के रोसूम की मुमानअ़त (अज्ञता काल के प्रथाओं की मनाही)

इस्लाम की ख़ूबियों में से जाहिलियत के रस्म व रिवाज को बातिल और हराम करना भी है, जैसे नसब में ऐब लगाना, और मैयित पर नौहा करना (विलाप करना-रोना पीटना)। जैसाकि सहीह मुस्लिम में अबू हुरैरा ﷺ से रिवायत है कि रसूलुल्लाह ﷺ ने फ़रमायाः

«اثْنَتَانِ فِي النَّاسِ هُمَا بِهِمْ كُفْرٌ، الطَّعْنُ فِي النَّسَبِ، وَالنِّيَاحَةُ عَلَى الْمَيِّتِ». [مسلم / الإيمان ٣٠ (٦٧)]

«लोगों में दो चीज़ें पाई जा रही हैं, और वह दोनों ही चीज़ें उनके लिए कुफ़्र की हैसियत रखती हैं: किसी के नसब में ऐब लगाना, और मैयित पर चीख़ चिल्ला कर रोना तथा उसके औसाफ़ (गुण) बयान करके रोना।» (मुस्लिमः अलूईमान ३०, हदीस नम्बरः ६७)

और इस्लाम धर्म की ख़ूबियों में से मुसीबत के वक़्त गालों पर तमाँचा मारने

और गरेबान फाड़ने को हराम क़रार देना है। बुख़ारी व मुस्लिम में अ़ब्दुल्लाह बिन मसऊद ﷺ से रिवायत है कि रसूलुल्लाह ﷺ ने फ़रमायाः

«لَيْسَ مِنَّا مَنْ ضَرَبَ الْخُدُودَ وَشَقَّ الْجُيُوبَ وَدَعَا بِدَعْوَى الْجَاهِلِيَّةِ». [بخاري / الجنائز ٣٨ (١٢٩٧)، مسلم / الإيمان ٤٤ (١٠٣)]

«जो शख़्स (किसी मैयित पर) अपने गाल पीटे, गरेबान फाड़े और दौरे जाहिलियत की सी बातें करे वह हम में से नहीं है।» (बुख़ारीः अल्जनाइज़ ३८, हदीस नम्बरः १२६७, मुस्लिमः अल्ईमान ४४, हदीस नम्बरः १०३)

कुद्रती तालाब पर क़ब्ज़ा की मुमानअ़त (मनाही)

इस्लाम की ख़ूबियों में से उस पानी पर क़ब्ज़ा जमाने और मुसाफ़िरों को उसके इस्तिमाल से रोकने को हराम करना है, जो किसी के साथ ख़ास न हो। अबू हुरैरा ﷺ से रिवायत है कि रसूलुल्लाह ﷺ ने फ़रमायाः

«ثَلاثَةٌ لا يُكَلِّمُهُمُ اللهُ، وَلا يَنْظُرُ إِلَيْهِمْ، وَلا يُزَكِّيهِمْ، وَلَهُمْ عَذَابٌ أَلِيمٌ، رَجُلٌ عَلَى فَضْلِ مَاءٍ بِطَرِيقٍ يَمْنَعُ مِنْهُ ابْنَ السَّبِيلِ». [بخاري / الشهادات ٢٢ (٢٦٧٢)]

«तीन तरह के लोग ऐसे हैं कि अल्लाह तआ़ला उनसे बात भी न करेगा, न उनकी तरफ़ देखेगा, और न उन्हें पाक करेगा, बल्कि उन्हें कठिन अ़ज़ाब होगा, एक वह शख़्स जो सफ़र में ज़रूरत से ज़्यादा पानी लिये जा रहा है और किसी मुसाफ़िर को (जिसे पानी की ज़रूरत हो) न दे।» (बुख़ारीः अश्शहादात २२, हदीस नम्बरः २६७२)

ऐ अल्लाह! हमारे दिलों को ईमान के नूर से मुनव्वर (आलोक से आलोकित) कर दे, और हमें हिदायत याफ़्ता (सही मार्ग प्राप्त) लोगों का रहनुमा बना, और हमें अपने उन नेक बंदों में शामिल कर जिन पर न कोई डर है और न वह मग़मूम (दुःखित) हूँगे, और ऐ कृपा करने वालों में सबसे बड़ा कृपालु! अपनी ख़ास कृपा से हमको और हमारे वालिदैन (माता पिता) और तमाम मुसलमानों को बख़्श दे।

दुरूद व सलाम नाज़िल हो मुहम्मद, उनके आल व अ़याल तथा उनके सहाबियों पर।

हक़ीक़ी मुफ़्लिस (निर्धन) कौन?

इस्लाम की ख़ूबियों में से यह है कि वह इस बात को हराम कर देता है कि जान माल या आबरू (इज़्ज़त) या अक़्ल (विवेक) में से किसी पर ज़्यादती की जाए, और वह तमाम जराइम (अपराध) जिन पर क़िसास (बदला) या हद की सज़ा वाजिब है, और इस्लामी अख़्लाक़ जैसे सच्चाई, अमानत, पाक दामनी (सतीत्व) वग़ैरा इस्लाम की निगाह में कमाले उमूर (पूर्णता वाली चीज़ें) नहीं हैं जैसाकि कुछ लोग वह्म (भ्रम) के शिकार हो गए, बल्कि यह वाजिबात हैं जिनकी अदायेगी का इस्लाम हरीस (लोलुप) है, और जो शख़्स भी इसके दाइरा (परिधि) से निकलेगा उसके बारे में बताता है कि अगर उसने तौबा नहीं की तो क़ियामत में उससे इसका बदला लिया जायेगा। अबू हुरैरा ﵁ से रिवायत है कि रसूलुल्लाह ﷺ ने फ़रमायाः

«أَتَدْرُونَ مَنِ الْمُفْلِسُ؟» قَالُوا: الْمُفْلِسُ فِينَا مَنْ لَا دِرْهَمَ لَهُ وَلَا مَتَاعَ؛ فَقَالَ: «إِنَّ الْمُفْلِسَ مِنْ أُمَّتِي يَأْتِي يَوْمَ الْقِيَامَةِ بِصَلَاةٍ وَصِيَامٍ وَزَكَاةٍ، وَيَأْتِي قَدْ شَتَمَ هَذَا، وَقَذَفَ هَذَا، وَأَكَلَ مَالَ هَذَا، وَسَفَكَ دَمَ هَذَا، وَضَرَبَ هَذَا، فَيُعْطَى هَذَا مِنْ حَسَنَاتِهِ، وَهَذَا مِنْ حَسَنَاتِهِ، فَإِنْ فَنِيَتْ حَسَنَاتُهُ قَبْلَ أَنْ يُقْضَى مَا عَلَيْهِ أُخِذَ مِنْ خَطَايَاهُمْ؛ فَطُرِحَتْ عَلَيْهِ ثُمَّ طُرِحَ فِي النَّارِ».

[مسلم / البر والصلة ١٥ (٢٥٨١)]

«क्या तुम जानते हो कि मुफ़्लिस कौन है?» लोगों ने कहाः हम में मुफ़्लिस वह है जिसके पास रूप्या तथा सामान न हो। आपने फ़रमायाः «क़ियामत के दिन मेरी उम्मत का मुफ़्लिस शख़्स वह होगा जो नमाज़, रोज़ा और ज़कात लेकर आयेगा, लेकिन उसने दुनिया में किसी को गाली दी होगी, किसी पर तुह्मत लगाई होगी, किसी का माल खाया होगा, किसी का ख़ून बहाया होगा, किसी को मारा होगा, फिर उन लोगों को उसकी नेकियाँ दे दी जायेंगी, और जो नेकियाँ उसके गुनाह अदा होने से पहले ख़त्म हो जायेंगी तो उन लोगों की बुराइयाँ उस पर डाल दी जायेंगी, फिर उसे जहन्नम में डाल दिया जायेगा।» (मुस्लिमः अल्बिर्र वस्सिला १५, हदीस नम्बरः २५८१)

पाकीज़ा गुफ़्तगू (अच्छी बात करने) का हुक्म

इस्लाम मुसलमानों को तालीम (शिक्षा) देता है कि उनकी ज़िंदगी के सुधार के लिए ज़रूरी है कि वह अपनी बात चीत में पाक व साफ़ रहे। अतः न किसी की ग़ीबत करे, न चुग़ली खाए, न गाली दे, न किसी मुसलमान पर तुह्मत (आरोप) लगाए, न उस पर लानत (शाप) करे, न उसका मज़ाक़ उड़ाए, न उस पर बुह्तान (अपवाद) लगाए, न उसके साथ झूट बोले। अबू हुरैरा ﵁ से रिवायत है कि नबी ﷺ ने फ़रमायाः

«مَنْ كَانَ يُؤْمِنُ بِاللهِ وَالْيَوْمِ الآخِرِ، فَلْيَقُلْ خَيْرًا أَوْ لِيَصْمُتْ». [مسلم / الإيمان ١٩ (٤٧)]

«जो शख़्स अल्लाह तथा क़ियामत के दिन पर ईमान रखता हो उसे चाहिए कि बोले तो भली बात बोले वरना चुप रहे।» (मुस्लिमः अलूईमान १६, हदीस नम्बरः ४७)

और आप ﷺ ने फ़रमायाः

«إِنَّ دِمَاءَكُمْ وَأَمْوَالَكُمْ وَأَعْرَاضَكُمْ عَلَيْكُمْ حَرَامٌ». [مسلم / الحج ١٩ (١٢١٨)]

«बेशक तुम्हारा ख़ून, तुम्हारे माल और तुम्हारी इज़्ज़त व आबूरू तुम पर हराम है।» (मुस्लिमः अलूहज्ज १६, हदीस नम्बरः १२१८)

और इस्लाम की ख़ूबियों में यह है कि वह मुमिन को उसके फ़राइज़ (कर्तव्यों) की अदायेगी की तर्ग़ीब (उत्साह) देता है, और अपने परिवार तथा दोस्त व अह्बाब, और रिश्तेदारों तथा पड़ोसियों और हर वह व्यक्ति जिनके साथ उसका कोई तअ़ल्लुक़ है, उन्हें भलाई की तरफ़ बुलाने में किसी तरह की कोताही न बर्ते, और इस दावत का सबसे बड़ा ज़रीया हक़ की वसियत करना, सब्र की वसियत करना, और भली बात का हुक्म करना, और बुरी बात से मना करना है।

शर्म व हया (लज्जा करने) का हुक्म

इस्लाम की ख़ूबियों में से यह है कि वह उस हया का हुक्म देता है जो उस व्यक्ति के लिए फ़ज़ीलत (प्रतिष्ठा) की बुनियाद और बुराई से रक्षा का माध्यम

है, जिसे अल्लाह इसकी तौफ़ीक़ दे। अ़ब्दुल्लाह बिन मसऊद ﷺ की हदीस में है, नबी ﷺ ने फ़रमायाः

«اسْتَحْيُوا مِنَ اللهِ حَقَّ الْحَيَاءِ». قُلْنَا: يَا رَسُولَ اللهِ! إِنَّا نَسْتَحْيِي، وَالْحَمْدُ لِلّٰهِ، قَالَ: «لَيْسَ ذَاكَ، وَلَكِنَّ الاسْتِحْيَاءَ مِنَ اللهِ حَقَّ الْحَيَاءِ أَنْ تَحْفَظَ الرَّأْسَ وَمَا وَعَى، وَالْبَطْنَ وَمَا حَوَى، وَلْتَذْكُرِ الْمَوْتَ وَالْبِلَى، وَمَنْ أَرَادَ الآخِرَةَ تَرَكَ زِينَةَ الدُّنْيَا». [ترمذي / صفة القيامة ٢٤ (٢٤٥٨) (حسن)]

«अल्लाह तआ़ला से शर्म व हया करो जैसाकि उससे शर्म व हया करने का हक़ है।» हमने कहाः हम अल्लाह से शर्म व हया करते हैं, और इस पर अल्लाह का शुक्र अदा करते हैं। आपने फ़रमायाः «हया का यह हक़ नहीं जो तुमने समझा है। अल्लाह से शर्म व हया करने का जो हक़ है वह यह है कि तुम अपने सर और उसके साथ जितनी चीज़ें हैं उन सब की हिफ़ाज़त करो, और अपने पेट और उसके अंदर जो चीज़ें हैं उनकी हिफ़ाज़त करो, और मौत तथा हड्डियों के गल् सड़् जाने को याद किया करो, और जिसे आख़िरत की चाहत हो वह दुनिया की ज़ेब व ज़ीनत (रंगीनी) को छोड़ दे।» (तिर्मिज़ीः सिफ़तुल क़ियामा २४, हदीस नम्बरः २४५८) (हसन)

जान्दार को निशाना बनाने की हुर्मत (मनाही)

इस्लाम की ख़ूबियों में से यह है कि उसने किसी जान्दार को निशाना बनाने से मना किया है। जैसाकि बुख़ारी व मुस्लिम में है कि अब्दुल्लाह बिन उमर रज़ियल्लाहु अ़न्हुमा कुरैश के जवानों के पास से गुज़रे जो एक चिड़या को बाँध कर निशाना बना रहे थे, अ़ब्दुल्लाह बिन उमर रज़ियल्लाहु अ़न्हुमा को देख कर वह भाग खड़े हुए, आपने पूछाः यह कौन कर रहा था? अल्लाह उस पर लानत (शाप) करे जिसने ऐसा किया। रसूलुल्लाह ﷺ ने उस व्यक्ति पर लानत फ़रमाई जो किसी जान्दार को निशाना बनाए।

इंसान की इ़ज़्ज़त व सम्मान

इस्लाम की ख़ूबियों में से आज़ाद आदमी को ख़रीदने तथा बेचने से मना करना भी है। रसूलुल्लाह ﷺ ने फ़रमायाः

قَالَ اللهُ تَعَالَى: «ثَلاثَةٌ أَنَا خَصْمُهُمْ يَوْمَ الْقِيَامَةِ، رَجُلٌ أَعْطَى بِي ثُمَّ غَدَرَ، وَرَجُلٌ بَاعَ حُرًّا فَأَكَلَ ثَمَنَهُ، وَرَجُلٌ اسْتَأْجَرَ أَجِيرًا فَاسْتَوْفَى مِنْهُ وَلَمْ يُعْطِهِ أَجْرَهُ». [بخاري /الإجارة ١٠ (٢٢٧٠)]

«अल्लाह तआ़ला का फ़रमान है कि तीन तरह के लोग ऐसे हैं कि जिनका क़ियामत में मैं ख़ुद मुद्दई (वादी) बनूँगा। एक तो वह व्यक्ति जिसने मेरे नाम पे अह्द किया फिर वादा ख़िलाफ़ी की। दूसरा वह जिसने किसी आज़ाद आदमी को बेच कर उसकी क़ीमत खाई। और तीसरा वह व्यक्ति जिसने किसी को मज़दूर किया, फिर काम तो उससे पूरा लिया, लेकिन उसकी मज़दूरी न दी।» (बुख़ारीः अलइजारा १०, हदीस नम्बरः २२७०)

नुजूमी (ज्योतिषी) को सच मानने की मुमानअ़त (मनाही)

इस्लाम की ख़ूबियों में से यह है कि उसने जादूगर और काहिन की तस्दीक़ (सच मानने) को हराम क़रार दिया है। रसूलुल्लाह ﷺ का इर्शाद हैः

«لَيْسَ مِنَّا مَنْ تَطَيَّرَ، أَوْ تُطُيِّرَ لَهُ، أَوْ تَكَهَّنَ أَوْ تُكُهِّنَ لَهُ، أَوْ سَحَرَ أَوْ سُحِرَ لَهُ، وَمَنْ أَتَى كَاهِنًا فَصَدَّقَهُ بِمَا يَقُولُ، فَقَدْ كَفَرَ بِمَا أُنْزِلَ عَلَى مُحَمَّدٍ ﷺ». [مسند البزار ج١ (ح-١١٧٠) (صحيح)]

«वह शख़्स हम में से नहीं जो बद फ़ाली करे या जिसके लिए बद फ़ाली की जाए, या कहानत (भविष्यवाणी) करे या जिसके लिए कहानत कराई जाए, या जादू करे या उसके लिए जादू कराया जाए, और जिसने किसी काहिन की बात की तस्दीक़ की, उसने रसूलुल्लाह ﷺ की शरीअ़त को झुटलाया।» (मुस्नदुल बज़्ज़ार, भाग नम्बर १, हदीस नम्बरः ११७०, सहीह)

और इस्लाम की ख़ूबियों में से यह है कि उसने अजनबी औ़रत और अजनबी मर्द के इज्तिमाअ़ (जमाव) को हराम क़रार दिया है, (अल्लाह की पनाह) चाहे जमा करने वाला मर्द हो या औ़रत।

और इस्लाम की ख़ूबियों में से यह है कि उसने इस बात को हराम किया है कि बादशाह के पास किसी मुसलमान को तक्लीफ़ पहूँचाने की कोशिश की जाए।

✿ और इस्लाम की ख़ूबियों में ग़स्ब (अपहरण) करने की हुर्मत (मनाही) भी है, क्योंकि वह जुल्म है, और अल्लाह ज़ालिमों को पसंद नहीं करता।

इस्तिक़ामत की तर्ग़ीब (उत्साह प्रदान)

इस्लाम की ख़ूबियों में इस्तिक़ामत की तर्ग़ीब भी है, इस्तिक़ामत कहते हैं अक़्वाल व अफ़्आल (कथन और कार्य) में एतिदाल (औसत दरजा) अख़्तियार करना, और तमाम हालतों में इस्तिक़ामत पर पाबंद रहना जिसकी वजह से नफ़्स बेहतर और कामिल हालत में रहे। अतः उससे कोई बुरी बात न निकले, न उसकी ओर किसी बुरी तथा कमीना बात की निस्बत की जाए। यह उसी वक़्त हो सकता है जब मुशर्रफ़ व मुअ़ज़्ज़ज़ (आदृत तथा सम्मानित) शरीअ़त की पाबंदी की जाए, और ठोस दीन को मज़बूत पकड़ा जाए, और उसके हुदूद (सीमाओं) पर क़ायम रहा जाए, और साथ ही बेहतरीन अख़्लाक़ और कामिल सिफ़ात (पूर्ण गुण) अख़्तियार की जाएं। अल्लाह तआ़ला का इर्शाद है:

﴿إِنَّ الَّذِينَ قَالُوا رَبُّنَا اللَّهُ ثُمَّ اسْتَقَامُوا تَتَنَزَّلُ عَلَيْهِمُ الْمَلَائِكَةُ أَلَّا تَخَافُوا وَلَا تَحْزَنُوا وَأَبْشِرُوا بِالْجَنَّةِ الَّتِي كُنتُمْ تُوعَدُونَ﴾ [فصلت: ٣٠]

“बेशक जिन लोगों ने कहा कि हमारा रब अल्लाह है, फिर उसी पर क़ायम रहे, उनके पास फ़रिश्ते (यह कहते हुए) आते हैं कि तुम कुछ भी डर और ग़म न करो, बल्कि उस जन्नत की बशारत सुन लो जिसका तुम वादा दिए गए हो।” (फ़ुस्सिलतः ३०)

और अल्लाह ने अपने नबी मुहम्मद ﷺ से फ़रमायाः

﴿فَاسْتَقِمْ كَمَا أُمِرْتَ﴾ [هود: ١١٢]

“जमे रहो जैसाकि आपको हुक्म दिया गया है।” (हूदः ११२)

और नबी अक्रम ﷺ ने सुफ़यान बिन अ़ब्दुल्लाह رضي الله عنه से फ़रमायाः

«قُلْ آمَنْتُ بِاللهِ ثُمَّ اسْتَقِمْ».

«तुम कहो मैं अल्लाह पर ईमान लाया, फिर उस पर जम जाओ।»

बंदों पर अल्लाह के फ़ज़्ल व एह्सान (कृपा व उपकार)

इस्लाम की ख़ूबियों में से यह है कि अल्लाह ने मुसलमानों पर जो चीज़ भी हराम किया उसके बदले में उससे बेहतर चीज़ प्रदान की, ताकि उनकी ज़रूरत पूरी हो जाए। जैसाकि इब्नुल क़ैइम रहिमहुल्लाह ने फ़रमायाः ''अल्लाह ने मुसलमानों पर पाँसा के ज़रीया क़िस्मत मालूम करना हराम क़रार दिया, तो उसके बदले में उन्हें इस्तिख़ारा की दुआ़ की तालीम दी। सूद उन पर हराम किया तो नफ़ा बख़्श तिजारत (लाभजनक व्यवसाय) प्रदान की। जुआ हराम किया तो घोड़ों, ऊँटों और तीरों के रेस के ज़रीया इनाम व पुरस्कार हलाल किया। और रेशम उन पर हराम किया तो ऊन कतान तथा उम्दा सूती कपड़ों को हलाल किया। शराब पीना हराम फ़रमाया तो लज़ीज़ मशरूबात (स्वादिष्ट पेय) और रूह व बदन को फ़ायदा पहूँचाने वाली चीज़ें हलाल कीं। खाने की गंदी चीज़ें हराम कीं तो पाकीज़ा खाने हलाल किए। इसी तरह हम इस्लामी तालीमात को तलाश करते हैं तो देखते हैं कि अल्लाह सुब्हानहु व तआ़ला ने जहाँ एक तरफ़ अपने बंदों पर कोई तंगी और बंदिश रखी है तो उसी प्रकार की दूसरी चीज़ों से उन पर कुशादगी भी पैदा की है।

अल्लाह तआ़ला बेहतर जानता है। मुहम्मद, उनके आल व औलाद (परिवार-परिजन) और उनके तमाम साथियों (सहाबियों) पर दुरूद व सलाम नाज़िल हो।

अच्छी नियत की तरग़ीब (उत्साह प्रदान)

इस्लाम की ख़ूबियों में से यह भी है कि उसने अपनी तमाम तालीमात व क़वानीन में अच्छे अस्बाब (माध्यम), अच्छे इरादे और पाकीज़ा नियत (निर्मल संकल्प) को बुनियादी हैसियत दी है। रसूलुल्लाह ﷺ का इर्शाद है:

«إِنَّمَا الْأَعْمَالُ بِالنِّيَاتِ، وَإِنَّمَا لِكُلِّ امْرِئٍ مَا نَوَى؛ فَمَنْ كَانَتْ هِجْرَتُهُ إِلَى دُنْيَا يُصِيبُهَا، أَوْ إِلَى امْرَأَةٍ يَنْكِحُهَا؛ فَهِجْرَتُهُ إِلَى مَا هَاجَرَ إِلَيْهِ». [بخاري / بدء الوحي ١ (١)]

«बेशक तमाम आमाल का दार व मदार (निर्भर) नियत पर है, और हर अ़मल का नतीजा हर इंसान को उसकी नियत के अनुसार ही मिलेगा, पस जिसकी हिज्रत (स्वदेशत्याग) दुनिया की दौलत हासिल करने के लिए, या किसी औ़रत से शादी करने के लिए हो, तो उसकी हिज्रत उन्ही चीज़ों के लिए होगी जिनके हासिल करने की नियत से उसने हिज्रत की है। (बुख़ारीः बद्उल् वह्य १, हदीस नम्बरः १)

अतः जिसने इस नियत से खाना खाया कि अपनी ज़िंदगी की हिफ़ाज़त करेगा, और अपने जिस्म को शक्तिशाली करेगा, ताकि अल्लाह ने उस पर हुक़ूक़ (अधिकार) और आल् व औलाद की जो ज़िम्मेदारियाँ आ़इद (अर्पित) की हैं सब अदा करे, तो इस अच्छी नियत के कारण उसका खाना और पीना सब इबादत में शामिल होगा।

इसी तरह जो शख़्स अपनी बीवी और लौंडी के साथ अपनी हलाल शह्वत (भोगेच्छा) पूरी करे कि उसकी और उसकी बीवी की इफ़्फ़त (पाक दामनी) क़ायम रहे, और अल्लाह उसे नेक औलाद प्रदान करे, तो यह भी इबादत है, जिसका अल्लाह की तरफ़ से अज्र व सवाब मिलेगा। इसी से मुतअ़ल्लिक़ रसूलुल्लाह ﷺ का इर्शाद हैः

«وَبُضْعَتُهُ أَهْلَهُ صَدَقَةٌ». قَالُوا: يَا رَسُولَ اللهِ! يَأْتِي شَهْوَةً وَتَكُونُ لَهُ صَدَقَةٌ؟ قَالَ: «أَرَأَيْتَ لَوْ وَضَعَهَا فِي غَيْرِ حَقِّهَا أَكَانَ يَأْثَمُ؟». [مسلم / المسافرين ١٣ (٧٢٠)]

«और उसका अपनी बीवी से हम्बिस्तरी (संभोग) भी सदक़ा है।» लोगों ने कहाः ऐ अल्लाह के रसूल! वह तो उससे अपनी शह्वत पूरी करता है, फिर भी सदक़ा होगा? (यानी इस पर उसे सवाब क्योंकर होगा?) तो आप ﷺ ने फ़रमयाः «क्या ख़्याल है तुम्हारा अगर वह अपनी ख़ाहिश (बीवी के अ़लावा) किसी और के साथ पूरी करता तो गुनाहगार होता या नहीं?» (जब वह ग़लतकारी करने पर गुनाहगार होता तो सही जगह इस्तेमाल करने पर उसे सवाब भी होगा।) (मुस्लिमः अल्मुसाफ़िरीन १३, हदीस नम्बरः ७२०)

❂ ग़स्ब (अपहरण), चोरी और लूटे हुए माल के ख़रीदने की हुर्मत (मनाही)

इस्लाम की ख़ूबियों में से यह भी है कि जो चीज़ ग़स्ब की गई, या चोरी की गई, या उसके मालिक से नाहक़ छीन ली गई हो, उसका ख़रीदना मुसलमान पर हराम है, क्योंकि ऐसी चीज़ का ख़रीदना, ग़स्ब करने वाले, चोर तथा डाकू की मदद करना है। और जब यह मालूम हो जाए कि यह चीज़ चोरी की है तो चाहे चोरी की मुद्दत (अवधि) कितनी ही लम्बी क्यों न हो गई हो या चोरी का माल चोर और डाकू के हाथ में कितने ही ज़माना से क्यों न हो, हर हाल में वह चोरी ही है, ज़माना के लम्बा व कम होने की वजह से शरीअ़त किसी चीज़ को हलाल नहीं करती, और मुद्दत लम्बी होने के कारण अस्ल मालिक के हक़ को साक़ित (ख़त्म) नहीं करती।

❂ सूद की हुर्मत (मनाही)

इस्लाम की ख़ूबियों में से सूद को हराम करना भी है।

पहलाः क्योंकि सूद आदमी के माल को बिना इवज़ (बदला) के दिला देता है, क्योंकि एक दिरहम को दो दिरहम के इवज़ बेचने की सूरत में एक दिरहम बग़ैर इवज़ के मिल जाता है, और सब जानते हैं कि इंसान का माल उसकी ज़रूरत के साथ लगा हुआ है और उसका बड़ा इह्तिराम (आदर) है।

दूसराः सूद का रिवाज लोगों के दर्मियान क़र्ज़ (उधार) की नेकी को ख़त्म कर देता है।

तीसराः सूद की वजह से आदमी रोज़ी कमाने की मशक़्क़त व परेशानी को बर्दाश्त नहीं करता जिससे मख़्लूक़ के नफ़ा तथा फ़ायदे का ख़ातमा (अवसान) हो जाता है, और रोज़ी तलब करने की कोशिश और मेहनत ढीली पड़ जाती है, और अल्लाह ने सूद खाने तथा खिलाने वाले, और लिखने और गवाही देने वाले सब पर लानत की है।

इस्लाम की नेमत को याद रखो

अल्लाह के बंदो! इस्लाम की जिन ख़ुबियों का ज़िक्र तुमने अब तक सुना वह इस्लाम के समुंदर का एक विंदु मात्र है, जिससे अल्लाह ने अरब के भेदभाव तथा इख़्तिलाफ़ को मिटा दिया, और उनके दिलों और सफ़ों को इकट्ठा कर दिया, और उनकी तबीअ़त व अख़्लाक़ को संवार दिया, यहाँ तक कि उन्हीं में से एक ऐसी उम्मत तैयार की जो सख़्त लड़ाकू, ज़बरदस्त शक्ति की अधिकारी थी, जिसने धरती को अपने क़ब्ज़ा में कर लिया और चारों ओर इस्लाम के इल्म व फन्न का प्रचार व प्रसार किया। अल्लाह तआ़ला का फ़रमान है:

﴿وَاذْكُرُوا نِعْمَتَ اللَّهِ عَلَيْكُمْ إِذْ كُنتُمْ أَعْدَاءً فَأَلَّفَ بَيْنَ قُلُوبِكُمْ فَأَصْبَحْتُم بِنِعْمَتِهِ إِخْوَانًا﴾

[آل عمران: ١٠٣]

“याद करो जब तुम एक दूसरे के दुशमन थे, तो उसने तुम्हारे दिलों में मुहब्बत डाल दी, पस तुम उसकी मेहरबानी से भाई भाई बन गए।” (सूरह आलि इम्रानः १०३)

और फ़रमायाः

﴿وَاذْكُرُوا إِذْ أَنتُمْ قَلِيلٌ مُّسْتَضْعَفُونَ فِي الْأَرْضِ تَخَافُونَ أَن يَتَخَطَّفَكُمُ النَّاسُ فَآوَاكُمْ وَأَيَّدَكُم بِنَصْرِهِ وَرَزَقَكُم مِّنَ الطَّيِّبَاتِ لَعَلَّكُمْ تَشْكُرُونَ﴾ [الأنفال: ٢٦]

“और उस हालत को याद करो जबकि तुम ज़मीन में थोड़े थे, कमज़ोर शुमार किए जाते थे, इस अंदेशा (डर) में रहते थे कि लोग तुम्हें नोच खसोट न लें, सो अल्लाह ने तुमको रहने की जगह दी और तुमको अपनी मदद से ताक़त दी। (अलअन्फ़ालः २६)

इस्लाम सूरज की तरह है

अल्लाह ने इस्लाम धर्म को ज़मीन के तमाम ओर फैला दिया, गोया वह चमकता सूरज है जिसकी किरणें अप्रकाश्य नहीं है, और वह रोशन चाँद है जिसकी रोशनी मद्धिम (मन्दा) नहीं होती, न उसका नूर बुझता है। यह वह दीन है जिसे

उसके दुश्मन नापसंद करते हुए भी रोज़ाना (प्रतिदिन) जाने अनजाने उसके क़रीब होते जाते हैं, क्योंकि अपनी लाइल्मी ईजादात (अनजाने आविष्कारों) और ज्ञानों में जैसे जैसे आगे बढ़ रहे हैं, ऐसे ऐसे उसकी हक़्क़ानियत (सत्यता) की गवाही दे रहे हैं। अल्लाह तआ़ला का इर्शाद है:

﴿ سَنُرِيهِمْ ءَايَٰتِنَا فِى ٱلْءَافَاقِ وَفِىٓ أَنفُسِهِمْ حَتَّىٰ يَتَبَيَّنَ لَهُمْ أَنَّهُ ٱلْحَقُّ ﴾ [فصلت: ٥٣]

''शीघ्र हम उन्हें अपनी निशानियाँ दुनिया के किनारों में दिखायेंगे तथा ख़ुद उनकी अपनी ज़ात में भी, यहाँ तक कि उन पर स्पष्ट हो जाए कि सत्य यही है।'' (फ़ुस्सिलतः ५३)

इस्लाम वह दीन है कि उसके दुश्मन और हासिद (हिंसुक) पहले दिन ही से इसके ख़िलाफ़ साज़िशें (षड़यंत्र) कर रहे हैं, फिर भी जैसाकि आप देख रहे हैं न उसकी रोशनी बुझी, न ही उसकी दलील कमज़ोर हुई। अल्लाह तआ़ला का फ़रमान है:

﴿ يُرِيدُونَ لِيُطْفِـُٔوا۟ نُورَ ٱللَّهِ بِأَفْوَٰهِهِمْ وَٱللَّهُ مُتِمُّ نُورِهِۦ وَلَوْ كَرِهَ ٱلْكَٰفِرُونَ ﴾ [الصف: ٨]

''वह चाहते हैं कि अल्लाह के नूर को अपनी फूँकों से बुझा दें, और अल्लाह अपने नूर को कमाल (पूर्णता) तक पहूँचाने वाला है, गो काफ़िर बुरा मानें।'' (अस्सफ़्फ़ः ८)

मुसलमानो! तुम्हारे लिए इतना ही जानना काफ़ी है कि इस्लाम दुनिया व आख़िरत की भलाइयों और नेमतों को शामिल है, हर फ़ज़ीलत की इस्लाम ने तर्ग़ीब (उत्साह) दी और तमाम रज़ाइल (नीचताओं) से नफ़रत दिलाई। अगर आप उसकी मज़बूत रस्सी को पकड़े रहोगे तथा उसके अह्कामात पर अमल के हरीस व शाइक़ (लोलुप व अभलाषी) रहोगे और उसके आदात से आरास्ता (सुसज्जित) रहोगे तो सआ़दत की ज़िंदगी जियोगे और ख़ुश बख़्ती (सौभाग्य) की मौत मरोगे।

इस्लाम धर्म की ख़ूबियाँ

इस्लाम अतीत (माज़ी) के आईना में

इस्लामी उम्मत के आग़ाज़ (आरंभ) पर नज़र डालें, और उसकी पहली तरक़्क़ी (प्रगति) के अस्बाब तथा कारणों पर ग़ौर फ़रमायें तो आपको मालूम होगा कि जिसने उम्मत की आवाज़ को मुत्तहिद (एक) किया, उनकी हिम्मतों को उभारा, और उसके अफ़्राद (जनों) को इकट्ठा किया, और उम्मत को ऐसी बुलंदी तक पहूँचा दिया जहाँ से वह दुनिया की तमाम उम्मतों पर शरफ़ (मान-प्रतिष्ठा) पा गईं, और अपने मक़ाम व मर्तबा पर क़ायम रहते हुए अपनी बारीक (सूक्ष्म) हिक्मतों से उनकी क़ियादत (नेतृत्व) करने लगीं, वह सिर्फ़ "इस्लाम धर्म" ही था। वह दीन जिसकी नींव मज़बूत, बुनियादें सुदृढ़, तमाम अह्कामात (विधि-विधानों) पर मुश्तमिल (व्याप्त), प्रेम का बायेस (उद्दीपक), मुहब्बत का पयाम्बर (संदेश वाहक), आत्माओं का साफ़ करने वाला, दिलों को ख़सासतों (नीचता) के मैल से पवित्र करने वाला, अक़्लों को सत्य की इज़्ज़त से रोशनी बख़्शने वाला, इंसानी समाज की तमाम बुनियादी ज़रूरियात (आवश्यक वस्तुओं) का ज़िम्मेवार, और उसके वुजूद का रक्षक, और अपने तमाम मानने वालों को सही शहूरियत तमाम शोबों की दावत देता है।

इस्लाम के आने से पहले की तारीख़ का अध्ययन करो तो पाओगे कि लोग इख़्तिलाफ़, बुरे व निकृष्ट तथा कमीना ख़स्लतों में मुब्तिला थे। इस्लाम धर्म ने आकर इंसानों को मुत्तहिद (एक) तथा शक्तिशाली और मुहज़्ज़ब (सभ्य) बनाया, उनकी अक़्लों को रोशनी बख़्शी, उनके अख़्लाक़ दुरुस्त किए, उनके अह्कामात सुधारे, इस तरह इस्लामी उम्मत पूरी दुनिया पर छा गई और जहाँ हुकूमत की न्याय और इंसाफ़ का डंका बजाया।

ऐ अल्लाह! हमें अपनी तदबीर से बचा ले, और अपनी याद से हमको ज़ीनत बख़्श दे, और अपने हुक्म के अनुसार हमसे काम ले, और अपनी अच्छी परदा पोशी को हम पर तार तार मत कर दे, और अपनी मेहरबानी से हम पर एहसान फ़रमा दे, और अपनी याद और शुक्र पर हमें बर्कत और मदद प्रदान कर। ऐ अल्लाह! हमें अपने अ़ज़ाब से बचा ले, और अपनी सज़ा से हमारी रक्षा फ़रमा दे। ऐ अल्लाह! जिस पर तू ने हमें वाली (संरक्षक) वहाँ हमें न्याय तथा अटलता की तौफ़ीक़ दे। ऐ अल्लाह! हम इस दुनिया से तेरी पनाह (आश्रय) चाहते हैं जो आख़िरत (परलोक) की भलाई से हमें रोक दे, और उस ज़िंदगी से तेरी पनाह चाहते हैं जो श्रेष्ठ कर्म से रोके, और तुझसे माँगते हैं कि तू हमारे दिलों को रोशन कर दे, और हमें अपने अटल बात पर दुनिया तथा आख़िरत में क़ायम रख। और ऐ दया करने वालों में सबसे अधिक दयावान! अपनी दया से हमको और हमारे वालिदैन (माता पिता) और तमाम मुसलमानों को माफ़ कर दे। आमीन।

व सल्लल्लाहु अ़ला मुहम्मद व अ़ला आलिहि व सह्बिहि अज्मईन। अर्थात अल्लाह तआ़ला मुहम्मद, उनके आल व अ़याल और उनके तमाम साथियों (सहाबा) पर दुरूद नाज़िल फ़रमाये।

समाप्त

IslamHouse.com

Hindi.IslamHouse @IslamHouseHi IslamHouseHi https://islamhouse.com/hi/

IslamHouseHi

For more details visit
www.GuideToIslam.com

GUIDE TO ISLAM

contact us :Books@guidetoislam.com

Guidetolslam.org Guidetoislam1 Guidetoislam www.Guidetoislam.com

المكتب التعاوني للدعوة وتوعية الجاليات بالربوة

هاتف: ٩٦٦١١٤٤٥٤٩٠٠+ فاكس: ٩٦٦١١٤٩٧٠١٢٦+ ص ب: ٢٩٤٦٥ الرياض: ١١٤٥٧

ISLAMIC PROPAGATION OFFICE IN RABWAH

P.O.BOX 29465 RIYADH 11457 TEL: +966 11 4454900 FAX: +966 11 4970126

www.ingramcontent.com/pod-product-compliance
Lightning Source LLC
LaVergne TN
LVHW050132080526
838202LV00061B/6473
* 9 7 8 6 0 3 8 2 4 9 3 0 7 *